SUVREMENA KUHARICA KRMAČA

Žetva bogatstva prirode za suvremena nepca

Nora Novaković

Materijal autorskih prava ©2024

Sva prava pridržana

Nijedan dio ove knjige ne smije se koristiti ili prenositi u bilo kojem obliku ili na bilo koji način bez odgovarajućeg pisanog pristanka izdavača i vlasnika autorskih prava, osim kratkih citata korištenih u recenziji. Ovu knjigu ne treba smatrati zamjenom za medicinske, pravne ili druge stručne savjete.

SADRŽAJ _

SADRŽAJ _ 3
UVOD 7
DORUČAK 8
    1. Parfe od šumskog voća 9
    2. Palačinke od maslačka 11
    3. Omlet od gljiva i koprive 13
    4. Kaša od žirevog brašna 15
    5. Smoothie od divljeg zelenila 17
    6. Jaja punjena nasturcijama 19
    7. Fritaja sa samoniklim biljem 21
    8. Jaja u umaku od začinskog bilja 23
    9. Topla čokolada s cvijetom bazge 25
    10. Uštipci od bazge 27
    11. Chia puding od bazge 29
    12. Zdjela za smoothie od cvijeta bazge 31
    13. Fritata od divljeg češnjaka i krumpira 33
    14. Francuski tost s cvijetom bazge 35
    15. Vafli od cvijeta bazge 37
    16. Pita od zelenila, začinskog bilja i jaja 40
    17. Kobasica od svježeg začinskog bilja 42
STARTERI 44
    18. Dijete mrkva u biljnom octu 45
    19. Artičoke sa začinskim biljem 47
    20. Kanapei s limunsko-biljnom glazurom 49
    21. Pizza sa sirom od svježeg začinskog bilja 51
    22. Keksi od svježeg začinskog bilja i vlasca 53
    23. Vijetnamske proljetne rolice 55
    24. Prženi sir haloumi 57
    25. Uštipci sa začinskim biljem 59
    26. Začinski škampi u pivu 61
    27. Suhe smokve sa začinskim biljem 63

28. Jednostavna focaccia sa začinskim biljem 65
29. Bruschetta od šumskih gljiva 67
30. Pesto od divljeg češnjaka Crostini 69
31. Popečci od tikve od žira 71

PREDJELA 73

32. Juha od sunčanice 74
33. Pileća prsa glazirana kestenom 76
34. Tajlandski curry s maslacem 78
35. Njoki od koprive 80
36. Glazirana tilapija od bazge 82
37. od avarskog bilja 85
38. Ljetna juha od tikve 87
39. Rižoto od šumskih gljiva 89
40. Juha od koprive i krumpira 91
41. Nahranjena pastrva bez kore 93
42. Punjeni listovi grožđa sa zelenim povrćem 95
43. Pileća prsa punjena divljim biljem i kozjim sirom 97
44. Sv.-petod fiddlehead paprati i šparoga 99
45. Quiche od lisičarke i poriluka 101
46. Kaša sa suhim voćem 103
47. Krema od piletine sa začinskim biljem 105
48. Dijon marelica glazirana puretina 107
49. Piletina i riža na umaku od začinskog bilja 109
50. Piletina u vrhnju i začinskom bilju 111
51. Pileća madeira na keksu 113
52. Pileća juha sa začinskim biljem 115
53. Piletina s vinom i začinskim biljem 117
54. Salata od slanutka i začinskog bilja 119
55. Svježe začinsko bilje i parmezan 121
56. Salata od maslačka 123
57. Bilji konfeti s povrćem 125
58. Pečeni ječam 127

DESERT 129

59. Tart od bobica sa zobenom korom 130
60. Začinjena torta od kakija 132

61. Čokoladna torta s lješnjacima bez brašna 134
62. Panna cotta od bazge s jagodama 136
63. Flan od bazge 139
64. Kolač od bobičastog voća i koprive 141
65. Sladoled od cvijeta bazge 143
66. Sorbet od bazge 145
67. Sladoled od cvijeta bazge i kupine 147
68. Mousse od cvjetova bazge 149
69. Rabarbara Mrviti se od divlje jagode 151
70. Sorbet od šljiva na plaži 153
71. Biljni sladoled od limuna 155
72. Biljni kolačići od limuna 157

ZAČINI 159

73. Ocat od aronije 160
74. Američki kečap od šljiva 162
75. Umak od kestena i javora 164
76. Biljni žele 166
77. Hucklebobica Jam 168
78. Ocat od miješanog bilja 170
79. Pesto od miješanog bilja 172
80. Marinada od bilja gorušice 174
81. Pesto od vlasca i kiselice 176
82. Džem od šumskog voća 178
83. Ocat natopljen krmnim biljem 180
84. Divlji češnjak Aioli 182
85. Sirup od borovih iglica 184

PIĆA 186

86. Bezalkoholni špric od borovnice 187
87. Pivo od korijena sarsaparille 189
88. Limun Malina Mint Osvježavajući 191
89. Voda natopljena krmnim bobicama 193
90. Ledeni čaj od divlje mente 195
91. Limunada od maslačka 197
92. Gin i tonik s dodatkom smrekovog vrha 199
93. Pikantni biljni liker 201

94. Voćni biljni ledeni čaj 203
95. Ledeni biljni hladnjak 205
96. Biljni čaj od maline 207
97. Čaj od kardamoma 209
98. Sassafras čaj 211
99. Moringa čaj 213
100. Čaj od žalfije 215

ZAKLJUČAK **217**

UVOD

Dobro došli u "Suvremena Kuharica Krmača", kulinarsku ekspediciju u svijet bogatstva prirode, gdje slavimo umijeće žetve i pripreme divljih sastojaka za suvremena nepca. Ova kuharica vaš je vodič za prihvaćanje okusa, tekstura i nutritivnih prednosti hranjene hrane, unoseći esenciju divljine u vašu modernu kuhinju. Pridružite nam se na putovanju koje redefinira kulinarski krajolik kombinirajući tradicionalnu mudrost traženja hrane s inovativnim i ukusnim receptima.

Zamislite kuhinju u kojoj divlje jestive namirnice zauzimaju središnje mjesto, a svako jelo priča priču o različitim okusima koji se mogu naći u prirodi. "Kuharica modernog krmača" nije samo zbirka recepata; to je istraživanje blaga skrivenih u šumama, poljima i livadama. Bez obzira jeste li iskusni lovac na hranu ili ste tek upoznali svijet divlje hrane, ovi su recepti osmišljeni kako bi vas nadahnuli da u svoje svakodnevne obroke uključite blagodati prirode.

Od zemljanih gljiva do živopisnog divljeg zelenila, od cvjetnih infuzija do iznenađujućih mješavina bobičastog voća, svaki recept je slavlje raznolikih i neukroćenih okusa koje priroda pruža. Bilo da pripremate rustikalnu večeru, profinjeno predjelo ili osvježavajući napitak, ova kuharica vaš je izvor za podizanje kulinarskih doživljaja uz obilje prirodnog svijeta.

Pridružite nam se dok prihvaćamo duh traženja hrane, gdje je svako jelo dokaz ljepote, svježine i neukroćene esencije divljih sastojaka . Dakle, skupite svoje košare, prihvatite avanturu i prenesite čaroliju traženja hrane na moderan stol uz "Kuharicu modernog krmača".

DORUČAK

1.Parfe od šumskog voća

SASTOJCI:
- 1 šalica raznih šumskih plodova (borovnice, maline, kupine)
- 1 šalica grčkog jogurta
- 2 žlice meda

UPUTE:
a) Šumsko voće temeljito operite.
b) U čašu ili zdjelu rasporedite grčki jogurt sa šumskim voćem.
c) Na vrh pokapajte 1 žlicu meda.
d) Ponovite slojeve i uživajte!

2.Palačinke od maslačka

SASTOJCI:
- 1 šalica latica maslačka
- 1 šalica smjese za palačinke
- 1 šalica mlijeka
- 2 jaja
- Maslac za kuhanje

UPUTE:
a) Zamijesite tijesto za palačinke prema uputama na pakiranju.
b) Nježno umiješajte 1 šalicu latica maslačka.
c) Pecite palačinke na ringli s maslacem dok ne porumene.
d) Poslužite sa sirupom ili medom.

3.Omlet od gljiva i koprive

SASTOJCI:
- 1 šalica šumskih gljiva
- 1/2 šalice listova koprive
- 3 jaja
- Posolite i popaprite po ukusu
- 2 žlice maslinovog ulja

UPUTE:
a) Na 2 žlice maslinova ulja pirjajte gljive i listove koprive dok ne pokuhaju.
b) Umutiti 3 jaja, začiniti solju i paprom.
c) Gljive i koprivu prelijte jajima, kuhajte dok se ne stegne.
d) Omlet preklopite i poslužite vruć.

4.Kaša od žirevog brašna

SASTOJCI:
- 1 šalica žirovog brašna
- 2 šalice mlijeka ili vode
- 3 žlice javorovog sirupa

UPUTE:
a) U loncu pomiješajte 1 šalicu žirovog brašna s 2 šalice mlijeka ili vode.
b) Kuhajte na srednjoj vatri uz stalno miješanje.
c) Kad se zgusne, zasladite s 3 žlice javorovog sirupa.
d) Poslužite toplo.

5. Smoothie od divljeg zelenila

SASTOJCI:
- 1 šalica nahranjenog divljeg zelja (lišće maslačka, kiseljak, itd.)
- 1 banana
- 1 jabuka
- 1/2 šalice jogurta
- Kocke leda

UPUTE:
a) Pomiješajte divlje zelje, 1 bananu, 1 jabuku i 1/2 šalice jogurta dok ne dobijete glatku smjesu.
b) Dodajte kockice leda i ponovno miksajte do željene konzistencije.
c) Ulijte u čašu i uživajte u svom hranjivom smoothieju.

6.Jaja punjena nasturcijama

SASTOJCI:
- 2 velike Tvrdo kuhana jaja
- 4 mala Nasturtium ostavlja i nježne stabljike; nasjeckana
- 2 cvijeta nasturtiuma; izrezati na uske trake
- 1 grančica svježeg kervila; nasjeckana
- 1 grančica svježeg talijanskog peršina; lišće nasjeckano na sitno
- 1 zeleni luk; bijeli i blijedozeleni dio
- Ekstra djevičansko maslinovo ulje
- Fina morska sol; okusiti
- Crni papar; krupno mljevena, po ukusu
- Nasturtium listovi i Nasturtium cvjetovi

UPUTE:
a) Tvrdo kuhajte jaja u kipućoj vodi samo dok žumanjci ne budu čvrsti, ne više.
b) Svako jaje prepolovite po dužini i pažljivo izvadite žumanjak.
c) Stavite žumanjke u malu zdjelu i dodajte listove, stabljike i cvjetove nasturcija te nasjeckani češnjevac, peršin i mladi luk. Zgnječite vilicom, dodajući dovoljno maslinovog ulja da dobijete pastu. Začinite po ukusu morskom soli i paprom
d) Bjelanjke lagano posoliti
e) Nježno ispunite šupljine mješavinom žumanjka i začina. Na vrh sameljite malo papra. Na tanjur posložite listiće naturcija i na njih stavite punjena jaja.
f) Ukrasite cvjetovima nasturtiuma.

7.Fritaja sa samoniklim biljem

SASTOJCI:
- ½ kilograma Barba di frate i vezica divlje metvice
- 8 jaja
- 4 češnja češnjaka
- 50 mililitara Ekstra djevičansko maslinovo ulje
- 100 grama parmezana; naribana
- Sol i svježe mljeveni crni papar

UPUTE:
a) Stavite ulje u manju tavu s češnjakom i zakuhajte.
b) Izvadite i bacite češnjak, kada porumeni.
c) Pirjajte Barba di frate na ulju dvije minute, dodajte jaja koja ste lagano umutili s parmezanom, sol i metvicu. Miješajte dok se ne počne stvrdnjavati.
d) Stavite u vruću pećnicu dok ne bude pečeno. Preokrenite na pladanj i odmah poslužite.

8. Jaja u umaku od začinskog bilja

SASTOJCI:
- 24 komada svježih šparoga
- ¼ šalice Majoneza
- 8 unci Kartonsko komercijalno kiselo vrhnje
- 1 sok od limuna
- ½ žličice Sol i ¼ žličice bijeli papar
- ¼ žličice Šećer
- 2 žličice Svježi peršin; mljeveno
- 1 čajna žličica Svježi korov kopra ; mljeveno
- 1 čajna žličica Svježi vlasac; mljeveno
- 8 jaja; tvrdo kuhan, podijeljen
- 12 unci Pakiranje kuhanih kriški šunke 6" x 4".

UPUTE:

a) Kuhajte šparoge, poklopljene, u kipućoj vodi 6 do 8 minuta; odvoditi. Pokrijte i ohladite.

b) Pomiješajte majonezu, kiselo vrhnje, limunov sok, sol, bijeli papar, šećer, peršin, mljeveni kopar i vlasac; dobro promiješajte. Zgnječite 1 tvrdo kuhano jaje; dodajte smjesi majoneze i dobro promiješajte. Pokrijte i ohladite.

c) Na 2 kriške šunke stavite 4 koplja šparoga. Smotajte šunku oko šparoga, pričvrstite je drvenom šiljkom. Šparoge umotane u šunku stavite na pladanj za posluživanje. Narežite 6 jaja, rasporedite ploške preko šunke. Prelijte žlicom otprilike ¼ šalice biljnog umaka na svaku porciju

d) Procijedite preostala jaja. Pospite po svakoj porciji. Ukrasite svježim kopromͰ.

9.Topla čokolada s cvijetom bazge

SASTOJCI:
- 2 šalice mlijeka (mliječnog ili alternativnog mlijeka)
- 2 žlice kakaa u prahu
- 2 žlice šećera (po želji)
- 1 žlica sirupa od bazge
- Šlag i jestivo cvijeće za ukras

UPUTE:
a) U loncu zagrijte mlijeko na srednje jakoj vatri dok ne postane vruće, ali ne zavrije.
b) U maloj zdjeli pjenasto pomiješajte kakao prah i šećer.
c) Umiješajte sirup od bazge dok se dobro ne sjedini.
d) Postupno umiješajte smjesu kakaa u vruće mlijeko dok ne bude glatka i dobro izmiješana.
e) Vruću čokoladu od bazge nastavite zagrijavati uz povremeno miješanje dok ne postigne željenu temperaturu.
f) Ulijte u šalice, prelijte šlagom i ukrasite jestivim cvijećem. Poslužite i uživajte!

10. Uštipci od bazge

SASTOJCI:
- 1 ½ šalice višenamjenskog brašna
- ½ šalice granuliranog šećera
- 2 žličice praška za pecivo
- ¼ žličice soli
- ¼ šalice biljnog ulja
- ½ šalice mlijeka
- 2 velika jaja
- 1 žličica ekstrakta bazge
- 1 žlica suhih cvjetova bazge (po želji)

UPUTE:
a) Zagrijte pećnicu na 350°F (180°C) i namastite kalup za krafne sprejom za kuhanje.
b) U velikoj zdjeli pomiješajte brašno, šećer, prašak za pecivo i sol.
c) U drugoj zdjeli pjenjačom izmiješajte ulje, mlijeko, jaja, ekstrakt bazge i suhe cvjetove bazge (ako koristite).
d) Ulijte mokre sastojke u suhe sastojke i miješajte dok se ne sjedine.
e) Žlicom stavljajte tijesto u pripremljeni kalup za krafne, ispunjavajući svaki kalup otprilike ¾ do kraja.
f) Pecite 12-15 minuta ili dok čačkalica zabodena u sredinu krafne ne izađe čista.
g) Ostavite krafne da se ohlade u kalupu nekoliko minuta prije nego što ih prebacite na rešetku da se potpuno ohlade.

11.Chia puding od bazge

SASTOJCI:
- ¼ šalice chia sjemenki
- 1 šalica mlijeka (mliječnog ili biljnog)
- 2 žlice sirupa od cvijeta bazge ili koncentrata čaja od cvijeta bazge
- 1 žlica meda ili zaslađivača po izboru
- Svježe voće, orašasti plodovi ili granola za preljev

UPUTE:
a) U teglici ili posudi pomiješajte chia sjemenke, mlijeko, sirup od bazge ili koncentrat čaja i med.
b) Dobro promiješajte da se sjedine i osigurajte da su chia sjemenke ravnomjerno raspoređene.
c) Staklenku poklopite i stavite u hladnjak na najmanje 2 sata ili preko noći, dok se smjesa ne zgusne i postane poput pudinga.
d) Promiješajte smjesu jednom ili dvaput tijekom vremena hlađenja kako biste spriječili stvaranje grudica.
e) Chia puding Elderflower poslužite ohlađen, preliven svježim voćem, orašastim plodovima ili granolom za dodatnu teksturu i okus.

12. Zdjela za smoothie od cvijeta bazge

SASTOJCI:
- 1 smrznuta banana
- ½ šalice smrznutog bobičastog voća (kao što su jagode, maline ili borovnice)
- ¼ šalice čaja od bazge (jako skuhanog i ohlađenog)
- ¼ šalice grčkog jogurta ili biljnog jogurta
- 1 žlica chia sjemenki
- Dodaci: narezano voće, granola, ljuskice kokosa, orašasti plodovi itd.

UPUTE:
a) U blenderu pomiješajte smrznutu bananu, smrznuto bobičasto voće, čaj od bazge, grčki jogurt i chia sjemenke.
b) Miješajte dok ne postane glatko i kremasto. Ako je potrebno, dodajte još malo čaja od bazge ili vode kako biste postigli željenu gustoću.
c) Ulijte smoothie u posudu.
d) Prelijte narezanim voćem, granolom, kokosovim pahuljicama, orašastim plodovima ili bilo kojim drugim nadjevom po želji.
e) Uživajte u osvježavajućem i živopisnom smoothieju od cvijeta bazge kao hranjivom doručku.

13. Fritata od divljeg češnjaka i krumpira

SASTOJCI:
- 6 jaja
- 1 šalica nasjeckanog lišća divljeg češnjaka
- 2 krumpira, tanko narezana
- 1 luk, narezan na ploške
- 1/2 šalice parmezana, naribanog
- 2 žlice maslinovog ulja
- Posolite i popaprite po ukusu

UPUTE:
a) Zagrijte pećnicu na 375°F (190°C).
b) Pirjajte krumpir i luk na maslinovom ulju dok ne omekšaju.
c) U zdjeli umutite jaja i umiješajte divlji češnjak i parmezan.
d) Smjesu jaja prelijte preko krumpira i luka.
e) Pecite u pećnici dok se fritaja ne stegne i ne porumeni.

14.Francuski tost s cvijetom bazge

SASTOJCI:
- 4 kriške kruha
- 2 velika jaja
- ½ šalice mlijeka
- 2 žlice sirupa od bazge
- ½ žličice ekstrakta vanilije
- Maslac ili ulje za kuhanje
- Dodaci: šećer u prahu, javorov sirup, svježe voće itd.

UPUTE:
a) U plitkoj posudi umutite jaja, mlijeko, sirup od bazge i ekstrakt vanilije.
b) Svaku krišku kruha umočite u smjesu od jaja, pustite da se natopi nekoliko sekundi sa svake strane.
c) Zagrijte neprijanjajuću tavu ili rešetku na srednje jakoj vatri i otopite malu količinu maslaca ili ulja.
d) Stavite namočene kriške kruha na tavu i pecite dok ne porumene sa svake strane, oko 2-3 minute po strani.
e) Ponovite s preostalim kriškama kruha, dodajući još maslaca ili ulja u tavu po potrebi.
f) Poslužite francuski tost s cvijetom bazge topao s omiljenim dodacima, poput šećera u prahu, javorovog sirupa, svježeg voća ili malo tučenog vrhnja.

15.Vafli od cvijeta bazge

SASTOJCI:
- 1½ šalice (220 g) višenamjenskog bijelog brašna
- ½ šalice (70g) integralnog brašna (ili koristite potpuno bijelo brašno)
- 2 jaja, odvojena
- ¾ šalice (180 ml) mlijeka, mliječnog ili biljnog
- ¼ šalice (60 ml) cvijeta bazge i limuna (ili dodatnog zamjenskog mlijeka)
- ¼ šalice (60 ml) prirodnog jogurta (po želji)
- 50 g maslaca, otopljenog
- 2 žličice praška za pecivo
- 1 žlica šećera
- Maslac ili ulje za kuhanje
- Miješano bobičasto voće (odmrznuto ako je zamrznuto)
- Jogurt ili šlag
- Tečni med ili javorov sirup

UPUTE:
a) Započnite stavljanjem bijelog brašna u zdjelu za miješanje. Napravite udubinu u sredini i dodajte žumanjke, mlijeko, sok i po želji jogurt. Pomiješajte ove sastojke dok ne dobijete gustu smjesu. Zdjelu pokrijte tanjurom i stavite u hladnjak preko noći.
b) Bjelanjke stavite u poklopljenu posudu, ali ih držite na kuhinjskoj plohi (nemojte ih hladiti) kako biste pojednostavili jutarnji proces.
c) Izvadite tijesto iz hladnjaka. Otopite maslac i lagano ga umiješajte u tijesto, zajedno s praškom za pecivo.
d) U posebnu zdjelu stavite snijeg od bjelanjaka i šećera. Upotrijebite električnu pjenjaču za miješanje dok ne dobiju meke vrhove. Smjesi dodajte žlicu tučenog snijega od bjelanjaka da se olabavi, pa lagano umiješajte u ostatak meringue.
e) Izbjegavajte pretjerano miješanje kako biste održali volumen u smjesi. Ako želite, možete preskočiti ovaj korak i večer prije dodati cijelo jaje i šećer u tijesto.
f) Zagrijte aparat za vafle. Dodajte malu količinu maslaca (poželjan je pročišćeni maslac da ne zagori) i slastičarskom četkom ravnomjerno premažite vruće ploče.
g) Ulijte otprilike ½ šalice tijesta u pekač za vafle, spustite poklopac i kuhajte dok ne poprime zlatnu boju, što obično traje oko 2 minute.
h) Alternativno, možete koristiti tešku tavu i peći vruće kolače na umjerenoj vatri dok obje strane ne porumene.
i) Kuhane vafle stavite na rešetku za kolače za stolom kako se ne bi smokli. Poslužite odmah sa zagrijanim bobičastim voćem i malo jogurta ili vrhnja, a zatim ih prelijte medom ili javorovim sirupom.
j) Uživajte u svojim sjajnim vaflima od cvijeta bazge!

16.Pita od zelenila, začinskog bilja i jaja

SASTOJCI:
- 2 funte Svježe zelje
- Sol
- ½ hrpe Svježi peršin; nasjeckana
- ½ hrpe Svježi kopar; nasjeckana
- 1 šaka svježeg češnjevaca; usitniti.
- ¼ šalice Maslac ili margarin
- 1 grozd mladi luk; nasjeckana
- ½ žličice Mljeveni piment
- ½ žličice cimeta i ½ žličice Muškatni oraščić
- 2 žličice Granulirani šećer
- Sol i svježe mljeveni papar
- 5 jaja; lagano tučen
- 1 šalica Izmrvljeni feta sir
- ½ šalice Mlijeko ili više
- ½ šalice Maslac (po izboru); rastopljeni
- 12 Komercijalni filo listovi

UPUTE:
a) Pomiješajte špinat u velikoj zdjeli s peršinom, koprom i češnjakom i dobro promiješajte. Zagrijte ¼ šalice maslaca u velikoj tavi, dodajte mladi luk na maslac i pirjajte ih dok bijeli dijelovi ne postanu prozirni.
b) Dodajte zelje, začine, šećer i dovoljno soli i papra za začin.
c) Sada dodajemo jaja, fetu i dovoljno mlijeka da zasitimo zelenilo. Raširite 6 listova filo, svaki premažite otopljenim maslacem. Ulijte nadjev, ravnomjerno rasporedite. Pecite 45 minuta.

17. Kobasica od svježeg začinskog bilja

SASTOJCI:
- Mala svinjska crijeva od 4 stope
- 2 funte fileta bijele ribe, narezanog na kocke
- 1 jaje, tučeno
- 2 žlice nasjeckanog svježeg vlasca
- 1 žlica nasjeckanog svježeg peršina
- 1 žličica soka od limuna
- ½ žličice celerove soli
- ½ žličice crnog papra

UPUTE:
a) Pripremite crijeva. Stavite ribu u multipraktik i pulsirajte dok se riba ne slomi.
b) Dodajte preostale sastojke i miješajte dok se sve dobro ne sjedini.
c) Napunite crijeva i odvrnite ih na duljine 3-4 inča.

STARTERI

18.Dijete mrkva u biljnom octu

SASTOJCI:
- 20 malih mrkva
- ¾ šalice šećera
- 1 žlica soka od limuna
- 1 žlica maslaca
- 2 žlice octa od estragona

UPUTE:
a) Stavite mrkvu, vodu i limunov sok u malu tavu.
b) Poklopite i pirjajte 5 minuta.
c) Skinite poklopac, pojačajte vatru i kuhajte uz miješanje dok tekućina ne ispari (5 minuta). Smanjite toplinu.

19. Artičoke sa začinskim biljem

SASTOJCI:
- 2 velike artičoke (ili 4 srednje)
- 1 mala mrkva
- 1 mali luk
- 1 žlica maslinovog ulja
- 2 žlice peršina; nasjeckana
- ½ žličice lišća bosiljka, osušenog
- ½ žličice origana
- ½ žličice kopra
- 1 češanj češnjaka
- Sol
- 1 šalica vina, suhog bijelog
- Papar po ukusu

UPUTE:
a) U blenderu pomiješajte mrkvu, luk, peršin, sušeno bilje, češnjak te sol i crni papar po ukusu; obraditi dok se ne usitne. Između listova artičoke nadjevati mješavinu začinskog bilja
b) Stavite rešetku za kuhanje, vino i ½ šalice vode u ekspres lonac od 4 ili 6 qt. Stavite artičoke na stalak; dobro zatvorite poklopac. Postavite regulator tlaka na odzračnu cijev.
c) Kuhajte 20 minuta na 15 funti tlaka.

20.Kanapei s limunsko-biljnom glazurom

SASTOJCI:
- Pumpernickel kruh s krem sirom i narezanim dimljenim lososom
- Maslacem slana ražena s narezanim jajima i kavijarom
- Slana raž s hrenom; čili umak; sitni škampi
- 1⅔ šalice vode
- ⅛ žličice papra u zrnu
- ½ lovorov list
- ½ žličice osušenog kopra
- 1 pakiranje (3 oz.) želatine s okusom limuna
- 1 žlica kajenskog papra
- 3 žlice octa

UPUTE:
a) Stavite na rešetku i prelijte svaki kanape s 2 do 3 žlice glazure od limuna i začinskog bilja.
b) Glazura od limuna i začinskog bilja: stavite vodu da provrije; dodajte papar u zrnu, lovorov list i suhi kopar. Poklopite i pirjajte oko 10 minuta. Naprezanje. U vrućoj tekućini otopite želatinu, sol i cayenne. Dodajte ocat. Ohladiti dok se malo ne zgusne. Žlicom stavljajte smjesu preko kanapea

21.Pizza sa sirom od svježeg začinskog bilja

SASTOJCI:
- 1 žlica kukuruznog brašna
- 1 limenka (10 oz.) Sve gotove kore za pizzu
- 1 žlica maslinovog ulja ili ulja
- 1 češanj češnjaka; mljeveno
- 6 unci nasjeckanog sira Mozzarella
- ½ šalice Naribani parmezan
- 1 žlica nasjeckanog svježeg bosiljka
- 1 žlica nasjeckanog svježeg origana

UPUTE:
a) Podmažite posudu za pizzu od 12 inča ili tavu od 13x9 inča; pospite kukuruznom krupom. Razmotati tijesto; utisnuti u podmazan pleh.
b) U maloj posudi pomiješajte ulje i češnjak; pokapati preko tijesta. Ravnomjerno stavite sir mozzarella, parmezan, bosiljak i origano.
c) Pecite na 425 °C 13-16 minuta ili dok korica ne porumeni

22.Keksi od svježeg začinskog bilja i vlasca

SASTOJCI:
- 8 unci Čvrsti svileni tofu
- ⅓ šalice soka od jabuke
- 1 žlica soka od limuna
- 1 šalica integralnog pšeničnog brašna
- 1 šalica višenamjenskog brašna
- 2 žličice praška za pecivo
- ½ žličice sode bikarbone
- ¼ žličice soli, po želji
- 2 žlice nasjeckanog bosiljka -=ILI=-
- 1 žlica bosiljka, osušenog
- 2 žlice vlasca, nasjeckanog -=ILI=-
- 1 žlica vlasca, osušenog

UPUTE:
a) Zagrijte pećnicu na 450F i nauljite kalupe za kolačiće.
b) Miješajte tofu dok ne postane glatko. Umiješajte sok od jabuke i sok od limuna. Prebacite u zdjelu srednje veličine i ostavite sa strane. Prosijte sljedećih 5 sastojaka i umiješajte u smjesu tofua. Umiješajte bosiljak i vlasac. Izvadite tijesto na lagano pobrašnjenu dasku i oblikujte ga u kuglu. Razvaljajte tijesto na ½" debljine i izrežite kalupom za kekse. Pecite 12 minuta i odmah poslužite.

23.Vijetnamske proljetne rolice

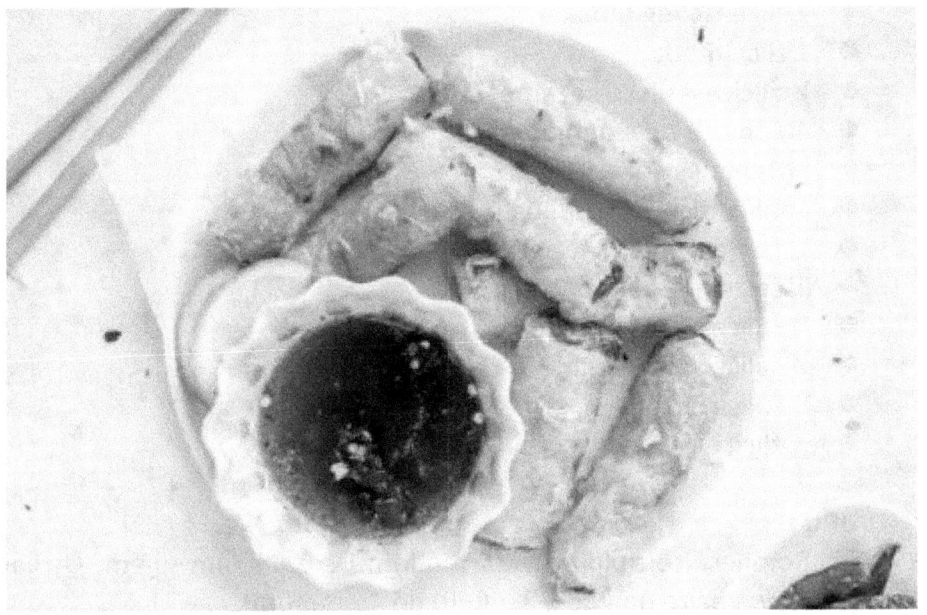

SASTOJCI:
- 1 Crveni snapper
- 2 žlice ribljeg umaka
- 2 žlice meda
- ½ žličice Azijsko sezamovo ulje
- 40 omota od rižinog papira
- Menta i svježi cilantro
- Tanke kriške engleskog krastavca
- ½ funte svježih klica graha
- lišće zelene salate
- ¼ šalice rižinog octa
- ¼ šalice soka od limete
- ¼ šalice šećera
- ¼ žličice Ljuti azijski čili umak

UPUTE:
a) Pomiješajte riblji umak s medom i sezamovim uljem. Utrljajte u ribu. Pecite na 425F/210C 40 do 45 minuta .
b) U maloj posudi za posluživanje pomiješajte sastojke za umak.
c) Odlomite komad ribe i stavite u sredinu svakog omota ispod sredine. Na vrh ribe dodajte mentu i cilantro, 1 krišku krastavca i malo klica graha. Prelijte umakom.

24.Prženi sir haloumi

SASTOJCI:
- 4 zrele rajčice šljive
- 1 crveni luk
- 1 krastavac
- 20 crnih maslina; bez koštice
- 1 vezica plosnatog peršina
- 100 grama Haloumi sireva e
- Bosiljak; sitno nasjeckan
- Korijandar; sitno nasjeckan
- Krasuljica
- Vlasac
- 200 mililitara maslinovog ulja
- 2 limuna; sok od
- 1 žlica bijelog vinskog octa
- Sol i papar

UPUTE:
a) Sve to pomiješajte u zdjeli s lukom i malo peršina. Začinite s malo maslinovog ulja te soli i papra.
b) U vrućoj neprianjajućoj tavi popržite Haloumi sir bez ulja.
c) Stavite na vrh salate i pokapajte začinsko ulje oko tanjura. Sada dodajte malo soka od limuna .

25. Uštipci sa začinskim biljem

SASTOJCI:
- 1 funta listova salate od miješanog začinskog bilja
- ¼ šalice svježe ribanog parmezana
- 3 jaja slobodnog uzgoja; lagano tučen
- 1 šalica svježih krušnih mrvica
- 2 žlice neslanog maslaca
- Suncokretovo ulje
- Sol i svježe mljeveni papar

UPUTE:
a) Stavite listove začinskog bilja u srednju posudu. Umiješajte luk, bosiljak, parmezan, krušne mrvice, jaja i začine.
b) Otopite maslac u velikoj tavi. Dodajte dovoljno ulja tako da u tavi bude ¼ inča ulja. Koristeći 1 veliku žlicu mješavine za svaki popeč, pržite pogaču nekoliko po nekoliko dok ne porumene, oko 3 minute sa svake strane.
c) Ocijediti na kuhinjskom papiru; Držite na toplom u laganoj pećnici dok se preostali uštipci ne ispeku.

26. Začinski škampi u pivu

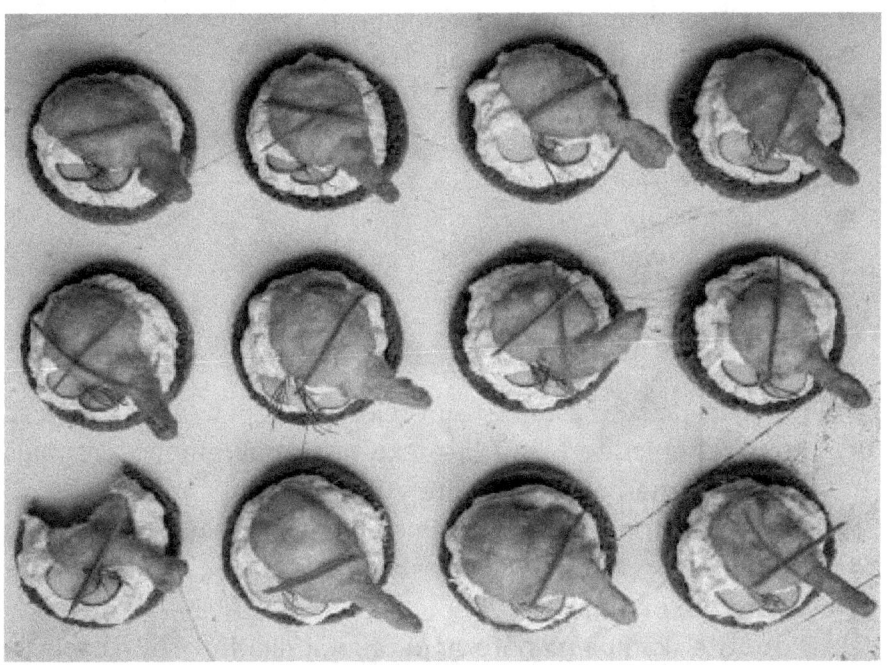

SASTOJCI:

- 2 funte Oguljenih sirovih škampa
- 1½ šalice izvrsnog zapadnjačkog piva
- 2 režnja češnjaka, mljevenog
- 2 žlice vlasca, nasjeckanog
- 2 žlice nasjeckanog peršina
- 1½ čajna žličica soli
- ½ žličice papra
- Narezana zelena salata
- 2 zelena luka, sitno nasjeckana

UPUTE:

a) Pomiješajte sve sastojke osim zelene salate i mladog luka u zdjeli.
b) Pokrijte, ohladite 8 sati ili preko noći; povremeno promiješajte. Ocijedite, marinadu sačuvajte
c) Pecite škampe 4 inča od vrućine dok ne budu kuhani i omekšani.
d) Nemojte prekuhati ili će škampi postati žilavi. Povremeno premažite marinadom.
e) Poslužite škampe na narezanoj zelenoj salati; pospite nasjeckanim zelenim lukom.

27. Suhe smokve sa začinskim biljem

SASTOJCI:
- ½ funte suhih smokava
- ½ funte suhih brusnica
- 2 šalice crnog vina
- ¼ šalice lavande ili meda s okusom
- Začini vezani u gazu:

UPUTE:
a) Dodajte smokve u lonac s crnim vinom i medom te gazu s odabranim začinskim biljem. Pustite da zavrije i kuhajte poklopljeno 45 minuta ili dok stvarno ne omekša.
b) Izvadite smokve iz lonca; prokuhajte tekućinu dok ne ostane više od polovice.
c) Bacite začine u gazu. Poslužite takvo kakvo jeste ili žlicom prelijte šerbet od vanilije ili ledeno mlijeko.

28. Jednostavna focaccia sa začinskim biljem

SASTOJCI:
- 16 unci pakirane vruće mješavine za pecivo
- 1 Jaje
- 2 žlice Maslinovo ulje
- ⅔ šalice Crveni luk; Sitno nasjeckan
- 1 žličica osušenog ružmarina; Smrvljena
- 2 žličice Maslinovo ulje

UPUTE:
a) Lagano namastiti dvije okrugle tepsije.
b) Pripremite vruću smjesu za roladu prema uputama na pakiranju za osnovno tijesto, koristeći 1 jaje i zamijenite margarin s 2 žlice ulja kako je navedeno na pakiranju. Umijesiti tijesto; ostavite da se odmori prema uputama. Ako koristite okrugle posude za pečenje, podijelite tijesto na pola; razvaljajte u dva kruga od 9 inča. Stavite u pripremljenu posudu.
c) Prodinstajte luk i ružmarin u tavi na 2 žličice vrućeg ulja dok ne omekšaju. Vrhovima prstiju pritisnite udubljenja svaki centimetar ili tako nešto u tijestu
d) Pecite u pećnici zagrijanoj na 375 stupnjeva 15 do 20 minuta ili dok ne poprimi zlatnu boju. Ohladite 10 minuta na rešetki. Izvadite iz posude i potpuno ohladite.

29. Bruschetta od šumskih gljiva

SASTOJCI:
- 1 šalica šumskih gljiva (lisičarki, smrčaka ili bilo kojih dostupnih), nasjeckanih
- 1 baget
- 2 režnja češnjaka, mljevena
- 2 žlice maslinovog ulja
- Posolite i popaprite po ukusu

UPUTE:
a) Očistite i nasjeckajte 1 šalicu šumskih gljiva.
b) Na 2 žlice maslinova ulja pirjajte gljive s 2 nasjeckana režnja češnjaka.
c) Tostirajte kriške baguettea.
d) Odozgo ploške baguettea pirjanim gljivama.
e) Posolite i popaprite. Poslužite toplo.

30. Pesto od divljeg češnjaka Crostini

SASTOJCI:
- 1 šalica listova divljeg češnjaka
- 1/2 šalice pinjola
- 1/2 šalice parmezana, naribanog
- 1/2 šalice maslinovog ulja
- Kriške bageta
- Posolite i popaprite po ukusu

UPUTE:
a) Pomiješajte divlji češnjak, pinjole, parmezan i maslinovo ulje dok ne dobijete glatku smjesu.
b) Tostirajte ploške baguettea i namažite ih pestom od divljeg češnjaka.
c) Posolite i popaprite.

31. Popečci od tikve od žira

SASTOJCI:
- 2 šalice naribanog žira
- 1 jaje
- 1/4 šalice brašna
- 1/4 šalice parmezana, naribanog
- 1/4 šalice zelenog luka, nasjeckanog
- Posolite i popaprite po ukusu
- Maslinovo ulje za prženje

UPUTE:
a) Pomiješajte naribanu tikvu od žira, jaje, brašno, parmezan i mladi luk.
b) Oblikujte male pljeskavice i pržite na maslinovom ulju dok ne porumene.
c) Posolite i popaprite. Poslužite toplo.

PREDJELA

32. Juha od sunčanice

SASTOJCI:
- Prigušnice od 2 lbs
- 2 stabljike celera, grubo nasjeckane
- 1 glavica luka narezana na kockice
- 2 žlice maslinovog ulja
- 1 češanj češnjaka
- 4 šalice juhe od povrća
- Po ½ žličice sušenog origana, lišća bosiljka i majčine dušice
- 1 šalica vode
- Posolite i popaprite po ukusu

UPUTE:
a) Oribajte prigušnice od sunca kako biste ih uklonili
b) prljavštine, a zatim isperite pod vodom. Očišćene sunčanice grubo nasjeckajte na kockice i stavite u veliki lonac.
c) Napunite lonac vodom dok sunčanice ne budu potopljene. Sunchokes kuhajte dok ne omekšaju, otprilike 8 minuta. Ocijedite, pa ostavite sa strane.
d) U velikoj pećnici zagrijte maslinovo ulje i dodajte luk narezan na kockice i nasjeckani češnjak. Kad luk postane proziran, dodajte nasjeckani celer. Kuhajte otprilike 3 minute uz često miješanje.
e) Dodajte kuhane sunčanice, origano, listiće bosiljka, majčinu dušicu, temeljac i vodu. Promiješajte da se sjedini.
f) Zakuhajte juhu, a zatim smanjite vatru. Kuhajte 40 minuta dok sunchokes ne postanu mekani.
g) Pustite da se juha ohladi, a zatim miksajte velikom brzinom u blenderu dok juha ne postane kremasta i glatka.

33.Pileća prsa glazirana kestenom

SASTOJCI:
- Umak od kestena i javora
- Američki kečap od šljiva
- 4 pileća prsa
- 2 mljevena češnja češnjaka
- 1 narezan luk
- 1 žlica maslinovog ulja
- Sol i papar

UPUTE:
a) Zagrijte masline u tavi na srednje jakoj vatri. Nakon što zasvjetluca, dodajte narezani luk i prstohvat
b) sol. Pustite da kuha 5 minuta, zatim poklopite i ostavite da se karamelizira još 10 minuta. Dodajte nasjeckani češnjak i kuhajte 1 minutu.
c) Dodajte pileća prsa u tavu i pecite obje strane dok lagano ne porumene i ne porumene više.
d) Premažite umakom od kesten-maplea svaka pileća prsa i pecite svaku stranu dok se piletina ne karamelizira od umaka, oko tri minute sa svake strane.
e) Ulijte dodatnu ½ šalice umaka od kesten javora u tavu. Kuhajte s piletinom još 2 minute.
f) Na tanjur poslužite glazirana pileća prsa s pečenim povrćem i malo američkog kečapa od šljiva.

34.Tajlandski curry s maslacem

SASTOJCI:
- 2 šalice kikirikija, namočenih u vodi preko noći
- 1 konzerva kokosovog mlijeka
- 1 šalica juhe od povrća
- 2 žlice tajlandske paste od crvenog čilija
- 1 žlica biljnog ili uljane repice
- 1 ljutika, narezana na ploške
- 2 češnja češnjaka, mljevena
- 1 žličica naribanog đumbira
- 1 crvenu papriku narezanu uzdužno na trakice
- 1 šalica zelenih mahuna
- ½ žličice kajenskog papra
- ½ žličice čilija u prahu

UPUTE:
a) Ocijedite vodu iz namočenih kikirikija i stavite ih u blender velike brzine ili procesor hrane. Procesirajte dok ne postane glatko i kremasto. .

b) U tavi ili pećnici zagrijte biljno ulje na srednje jakoj vatri. Dodati narezanu ljutiku i nasjeckani češnjak. Miješajte dok ljutika ne postane prozirna, oko 5 minuta.

c) Umiješajte mljeveni đumbir, tajlandski crveni čili, kajenski papar i čili u prahu. Ostavite da se zagrije i zamiriše oko 45 sekundi.

d) Dodajte nasjeckanu crvenu papriku i mahune. Miješajte 1 minutu, zatim ulijte izmiksani kikiriki i temeljac od povrća. Pustite da zavrije i kuhajte oko 10 minuta na srednje laganoj vatri.

e) Ulijte kokosovo mlijeko. Miješajte dok se ne sjedini i pustite da zavrije. Smanjite vatru i pustite da zavrije, zatim poklopite i kuhajte 15 minuta.

35.Njoki od koprive

SASTOJCI:
- 2 šalice pakirane koprive
- 2 jaja
- 2 velika crvenkasta krumpira
- 1 šalica višenamjenskog brašna
- 1 žlica maslinovog ulja
- Sol i papar
- limunova korica (za ukras)

UPUTE:
a) Napunite veliki lonac vodom. Dodajte krumpir i pustite da kuha na jakoj vatri dok krumpir ne omekša.
b) Za to vrijeme pripremite koprivu. Postaviti
c) koprive u zdjelu i napunite zdjelu vodom dok kopriva ne potopi. Snažno promiješajte koprivu kako biste uklonili svu nečistoću. Ostavite da odstoji jednu minutu, zatim ocijedite koprivu kroz cjedilo. Prelijte vodom koprive u cjedilu da ih posljednji put isperete.
d) Zagrijte maslinovo ulje u tavi na srednje jakoj vatri. Dodajte koprivu i promiješajte. Kuhajte dok kopriva ne uvene, otprilike 5 minuta.
e) U blender stavite koprivu, jaje i žlicu vode. Dodajte prstohvat soli i papra. Miješajte smjesu dok se ne formira pasta.
f) Nakon što je krumpir gotov, ostavite da se ohladi. Naribajte ili naribajte krumpir kako biste dobili fine grudvice krumpira, zatim zgnječite naribani/naribani krumpir u zdjeli.
g) Dodajte pastu od koprive u krumpir i promiješajte. Dodajte brašno i mijesite dok se ne formira glatko i lagano ljepljivo tijesto. Tijesto prerežite na dva dijela.
h) Stavite jedan komad tijesta na pobrašnjenu podlogu i zarolajte u cjepanicu. Izrežite trupac na komade od ½ inča. Ponovite s drugim dijelom tijesta.
i) Zakuhajte veliki lonac vode s prstohvatom soli. Kuhajte njoke u četiri dijela. Njoki su gotovi kad se dignu do vrha vode.
j) Kad ste spremni za posluživanje, ukrasite njoke malom maslinovom ulju, koricom limuna i paprom.

36.Glazirana tilapija od bazge

SASTOJCI:
- 1 šalica hranjenih bobica bazge
- ½ žličice mljevenog cimeta
- 1 žličica narančine korice
- 1 žličica natopljene korice limuna
- ½ šalice natopljene vode
- ½ šalice uzgojenog meda
- Fileti tilapije (ulovljeni u divljini, ako je moguće)
- 1 žlica natopljenog maslinovog ulja
- Posolite i popaprite po ukusu
- Svježi sok od limuna po ukusu

UPUTE:

a) U košari srednje veličine pomiješajte bobice bazge, natopljeni cimet, načinjenu koricu naranče, natopljenu koricu limuna i natopljenu vodu. Postavite košaru iznad otvorenog plamena ili prijenosnog štednjaka za rustikalni doživljaj kuhanja.

b) Neka smjesa lagano prokuha, zatim smanjite vatru i pustite da lagano kuha dok se smjesa ne zgusne i ne smanji.

c) Pustite da se natopljena smjesa malo ohladi, a zatim je izlijte na sito s finim otvorom postavljeno na zdjelu s napunjenom hranom. Odbacite sve nahranjene krutine.

d) Ostavite sok od bazge da stoji u posudi 15 minuta na sobnoj vanjskoj temperaturi ili pokriven u zasjenjenom prostoru 30 minuta. Kad se ohladi, umiješajte natopljeni med dok se ne sjedini. Staviti na stranu.

e) U međuvremenu, postavite improvizirani brojler na otvorenom koristeći otvoreni plamen ili roštilj. U natopljenu plitku posudu za pečenje ili vatrostalnu zdjelu koju ste pronašli u svojim istraživanjima na otvorenom rasporedite filete tilapije ulovljene u divljini u jednom sloju.

f) Kuhajte tilapiju pod vedrim nebom ili na roštilju 5 minuta, ili dok ne uhvati esenciju prirode.

g) Izvadite tilapiju iz otvorenog brojlera i pospite ribu natopljenim maslinovim uljem te malo soli i papra. Prelijte vrhove fileta glazurom od bazge, napravljenom od blagodati prirode, dok se ne prekriju, ali ne pretjerano.

h) Vratite tavu u otvoreni brojler na još 5 minuta, dopuštajući vrhovima fileta da postignu blago karamelizirano savršenstvo, podsjećajući na gozbu u divljini.

i) Uživajte u glaziranoj tilapiji od bazge s cijeđenim limunom i dodatnom komadicom divlje glazure. Uživajte u okusima prirode u svakom zalogaju!

37.od avarskog bilja

SASTOJCI:
- 1 funta bilja
- 4 žlice maslaca
- 1 veliki luk, nasjeckan
- 1 litra vode ili temeljca od povrća
- 1 veliki krumpir, oguljen i nasjeckan na male kockice
- sol i papar
- kockice kruha za krutone
- kervil, potočarka, špinat, kiseljak

UPUTE:
a) U dubljoj tavi rastopite maslac i na njemu lagano popržite luk dok ne bude proziran. Dodajte začinsko bilje i na trenutak ih znojite prije nego što ulijete vodu ili juhu. Dodajte krumpir u juhu. Pustite da juha prokuha, a zatim smanjite vatru. Pirjajte 20 minuta. U juhu zgnječite krumpir da se malo zgusne. Probajte i dodajte sol i svježe mljeveni papar.
b) Poslužite uz kruhove krutone popržene na maslacu ili slanini

38. Ljetna juha od tikve

SASTOJCI:
- 4 srednje tikvice; oprati, narezati 1"
- 1 velika žuta tikva Crookneck; oprati, narezati 1"
- 1 pljeskavica od tikve; raščetvorio
- 1 veliki luk; tanko narezan
- 1 žličica češnjaka; sitno mljeveno
- 3 šalice pileće juhe; odmašćen (3 do 3,5)
- Sol i svježe mljeveni bijeli papar; okusiti
- 2 žlice svježeg bosiljka; sitno nasjeckan
- 2 žlice svježeg peršina; sitno nasjeckan
- 1 žlica soka od limuna
- 1 šalica mlaćenice
- Svježi bosiljak; nasjeckana
- Svježi peršin; nasjeckana

UPUTE:
a) U veliki lonac stavite sve tikve. Dodajte luk, češnjak, juhu te sol i papar; zakuhajte, poklopite, smanjite vatru i kuhajte 20 do 25 minuta .
b) Pasirajte u procesoru hrane ili blenderu s bosiljkom, peršinom i limunovim sokom dok ne postane glatko
c) Umiješajte mlaćenicu
d) Kad ste spremni za posluživanje, miješajte dok ne postane glatko i dodajte začine solju i paprom.

39.Rižoto od šumskih gljiva

SASTOJCI:
- 1 šalica šumskih gljiva (lisičarke, smrčci ili bilo koje dostupne)
- 1 šalica Arborio riže
- 1/2 šalice suhog bijelog vina
- 4 šalice juhe od povrća ili piletine
- 1 glavica luka sitno nasjeckana
- 2 češnja češnjaka, mljevena
- 1/2 šalice parmezana, naribanog
- 2 žlice maslaca
- Posolite i popaprite po ukusu

UPUTE:
a) Pirjajte luk i češnjak na maslacu dok ne postanu prozirni.
b) Dodajte Arborio rižu i kuhajte dok lagano ne prepeče.
c) Ulijte bijelo vino i miješajte dok veći dio ne ispari.
d) Postupno dolijevajte toplu juhu uz često miješanje dok riža ne bude kuhana.
e) Umiješajte šumske gljive i parmezan. Posolite i popaprite. Poslužite toplo.

40. Juha od koprive i krumpira

SASTOJCI:
- 4 šalice svježih listova koprive
- 2 krumpira, narezana na kockice
- 1 glavica luka nasjeckana
- 2 češnja češnjaka, mljevena
- 4 šalice juhe od povrća
- 2 žlice maslinovog ulja
- Posolite i popaprite po ukusu

UPUTE:
a) Za rukovanje koprivom nosite rukavice. Uklonite peteljke i nasjeckajte listove.
b) Na maslinovom ulju pirjajte luk i češnjak dok ne postanu prozirni.
c) Dodajte krumpir, koprivu i juhu od povrća. Pirjajte dok krumpir ne omekša.
d) Miksajte juhu dok ne postane glatka. Posolite i popaprite.

41. Nahranjena pastrva bez kore

SASTOJCI:
- 4 fileta pastrve
- 1/2 šalice miješanog začinskog bilja (ružmarin, majčina dušica, origano), nasjeckanog
- 2 žlice maslinovog ulja
- 1 limun, narezan na kriške
- Posolite i popaprite po ukusu

UPUTE:
a) Zagrijte pećnicu na 375°F (190°C).
b) Nasjeckano začinsko bilje pomiješajte s maslinovim uljem.
c) Mješavinu začinskog bilja utrljajte preko fileta pastrve. Posolite i popaprite.
d) Na vrh stavite kriške limuna i pecite 15-20 minuta dok se riba lako ne raslopi.

42. Punjeni listovi grožđa sa zelenim povrćem

SASTOJCI:
- 1 šalica uzgojenog zelja (lišće maslačka, lišće trpuca)
- 1 šalica kuhane riže
- 1/4 šalice pinjola
- 1/4 šalice ribiza
- 1 limun, iscijeđen
- Listovi vinove loze (svježi ili konzervirani)
- Maslinovo ulje
- Posolite i popaprite po ukusu

UPUTE:
a) Listove grožđa blanširajte u kipućoj vodi dok ne omekšaju.
b) U zdjeli pomiješajte kuhanu rižu, zeleno povrće, pinjole, ribizle i limunov sok.
c) Na svaki list vinove loze stavite žlicu smjese i zarolajte u čvrsti snop.
d) Nadjevene listove vinove loze složite u posudu za pečenje, pokapajte maslinovim uljem i pecite dok se ne zagriju.

43. Pileća prsa punjena divljim biljem i kozjim sirom

SASTOJCI:
- 4 pileća prsa
- 1 šalica miješanog uzgojenog bilja (majčina dušica, kadulja, mažuran), nasjeckanog
- 1/2 šalice kozjeg sira
- 2 žlice maslinovog ulja
- Posolite i popaprite po ukusu

UPUTE:
a) Zagrijte pećnicu na 375°F (190°C).
b) Nasjeckano začinsko bilje pomiješajte s kozjim sirom.
c) U svakom pilećem prsu napravite džep i napunite mješavinom začinskog bilja i kozjeg sira.
d) Pileća prsa začinite solju i paprom, zatim pržite na maslinovom ulju dok ne porumene. Završite pečenje u pećnici dok ne bude pečeno.

44.Sv.-petod fiddlehead paprati i šparoga

SASTOJCI:
- 1 šalica očišćene paprati
- 1 šalica šparoga, narezanih
- 1 žlica sezamovog ulja
- 2 češnja češnjaka, mljevena
- Soja umak po ukusu
- Sezamove sjemenke za ukras

UPUTE:
a) Paprat i šparoge blanširajte u kipućoj vodi nekoliko minuta, zatim ocijedite.
b) U tavi zagrijte sezamovo ulje, dodajte nasjeckani češnjak i popržite blanširano povrće.
c) Dodajte soja umak po ukusu i nastavite kuhati dok povrće ne omekša.
d) Prije posluživanja ukrasite sezamom.

45. Quiche od lisičarke i poriluka

SASTOJCI:
- 1 kora za pitu
- 2 šalice očišćenih i narezanih gljiva lisičarki
- 1 poriluk narezan na tanke ploške
- 1 šalica Gruyere sira, nasjeckanog
- 4 jaja
- 1 šalica mlijeka
- Posolite i popaprite po ukusu

UPUTE:
a) Zagrijte pećnicu na 375°F (190°C).
b) Pirjajte gljive lisičarke i poriluk dok ne omekšaju.
c) U zdjeli umutite jaja, mlijeko, sol i papar.
d) Pirjane gljive i poriluk složite u koru za pitu, pospite naribanim sirom i prelijte smjesom od jaja.
e) Pecite dok se quiche ne stegne i ne porumeni.

46. Kaša sa suhim voćem

SASTOJCI:
- 2 žlice Canola ulja
- 1 veliki luk(i), sitno nasjeckan
- 3 do 4 stabljike celera
- 2 žlice kadulje, mljevene
- 2 žlice listova timijana
- Posolite i popaprite po ukusu
- Kora 1 limuna, mljevena
- 4 šalice kuhane cijele kaša kaše kuhane u pilećem temeljcu za dodatni okus
- 1 šalica miješanog suhog voća narezanog na kockice
- ½ šalice prženih oraha

UPUTE:
a) Zagrijte ulje u velikoj tavi i pirjajte luk, povremeno miješajući, dok ne uvene. Dodajte celer, kadulju, timijan, sol i papar i kuhajte uz miješanje još 5 minuta.
b) Umiješajte koru limuna i sjedinite sa kuhanom kašom. Suho voće kuhati na pari za povrće da omekša i dodati zajedno s orasima.
c) Poslužite vruće kao prilog ili koristite kao nadjev.

47. Krema od piletine sa začinskim biljem

SASTOJCI:
- 1 limenka Krem pileća juha
- 1 limenka Pileća juha
- 1 konzerva mlijeka
- 1 limenka vode
- 2 šalice Bisquick mješavine za pečenje
- ¾ šalice mlijeka

UPUTE:
a) Ispraznite limenke juhe u veliku tavu
b) Umiješajte limenke vode i mlijeka. Miješajte dok ne postane glatko. Zagrijte na srednjoj vatri do vrenja
c) Pomiješajte Biskvit i mlijeko. Tijesto treba biti gusto i ljepljivo. Tijesto po žličice ubacivati u kipuću juhu.
d) Okruglice kuhati cca. 8 do 10 minuta. nepokrivena

48. Dijon marelica glazirana puretina

SASTOJCI:
- 6 Pileći bujon kocke
- 1½ šalice nekuhane bijele riže dugog zrna
- ½ šalice nasjeckanih badema
- ½ šalice nasjeckanih suhih marelica
- 4 zelena luka s vrhovima; narezan na kriške
- ¼ šalice nasjeckanog svježeg peršina
- 1 žlica narančine korice
- 1 čajna žličica Osušeni ružmarin; zgnječen
- 1 čajna žličica Osušeni listovi majčine dušice
- 1 polovica purećih prsa bez kostiju - oko 2 1/2 funte
- 1 šalica Džem od marelica ili marmelada od naranče
- 2 žlice Dijon senfa

UPUTE:

a) Za pilav sa začinskim biljem stavite vodu da prokuha. Dodajte bujon . Maknite s vatre u zdjelu. Dodajte sve preostale sastojke za pilav osim puretine; dobro promiješajte. Stavite puretinu na smjesu riže.
b) Pokrijte i pecite 45 minuta
c) Izvadite puretinu iz pećnice; pažljivo uklonite pekač s rukavicama za pećnicu.
d) Pilav promiješajte neposredno prije posluživanja, poslužite s puretinom i umakom.

49.Piletina i riža na umaku od začinskog bilja

SASTOJCI:
- ¾ šalice tople vode
- ¼ šalice bijelog vina
- 1 čajna žličica granula bujona s okusom piletine
- 4 (4 oz.) polovice pilećih prsa bez kože i kostiju
- ½ žličice kukuruznog škroba
- 1 žlica vode
- 1 pakiranje sira na Neufchatel način sa biljem i začinima
- 2 šalice vruće kuhane riže dugog zrna

UPUTE:
a) Zakuhajte vruću vodu, vino i granule bujona u velikoj tavi na srednje jakoj vatri. Smanjite vatru i dodajte piletinu, pirjajte 15 minuta; okretanje nakon 8 minuta. Izvadite piletinu kad je gotova, držite je na toplom. Neka tekućina za kuhanje prokuha, smanjite na ⅔ šalice.
b) Pomiješajte kukuruzni škrob i vodu i dodajte u tekućinu. Pustite da zakipi i kuhajte 1 minutu neprestano miješajući. Dodajte krem sir i kuhajte dok se dobro ne sjedini, neprestano miješajući žicom. Servirati:
c) Na vrh riže stavite piletinu, žlicom prelijte umak preko piletine

50. Piletina u vrhnju i začinskom bilju

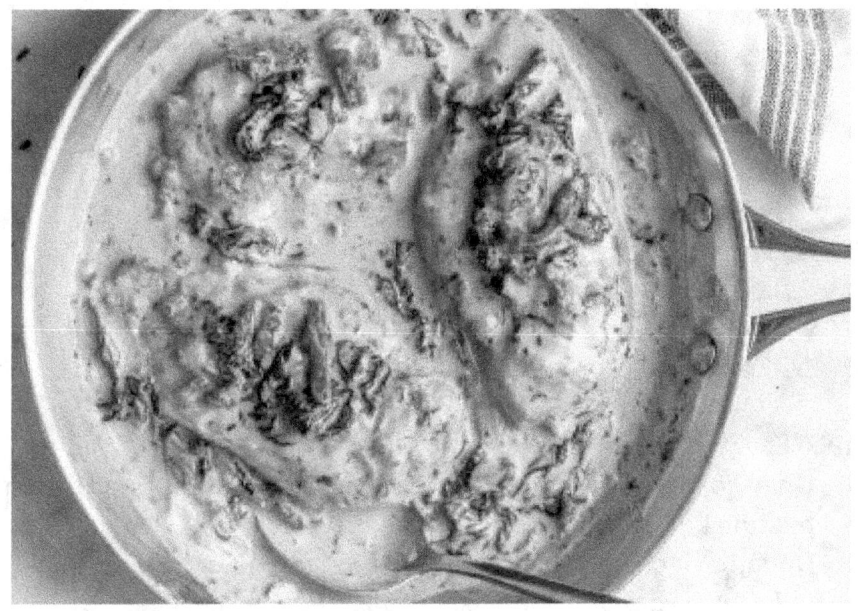

SASTOJCI:
- 6 pilećih bataka, oguljenih i otkoštenih
- Višenamjensko brašno začinjeno solju i paprom
- 3 žlice maslaca
- 3 žlice maslinovog ulja
- ½ šalice suhog bijelog vina
- 1 žlica soka od limuna
- ½ šalice vrhnja za šlag
- ½ žličice osušene majčine dušice
- 2 žlice nasjeckanog svježeg peršina
- 1 limun, narezan (ukras)
- 1 žlica kapara, ispranih i ocijeđenih (ukras)

UPUTE:
a) U velikoj tavi zagrijte po 1½ žlice maslaca i ulja. Dodajte komade piletine koliko vam odgovara bez gužve. Kuhati
b) Dodajte vino i limunov sok u tavu i pirjajte na umjereno jakoj vatri, miješajući da se pomiješaju posmeđene čestice. Prokuhajte, smanjite na otprilike pola
c) Dodajte vrhnje za šlag, majčinu dušicu i peršin; kuhati dok se umak malo ne zgusne. Eventualni mesni sok iz grijanog pladnja ulijte u umak.
d) Prilagodite umak za začine po ukusu. Prelijte preko mesa i ukrasite peršinom, kriškama limuna i kaparima

51.Pileća madeira na keksu

SASTOJCI:
- 1½ funte pilećih prsa
- 1 žlica ulja za kuhanje
- 2 češnja češnjaka, nasjeckana
- 4½ šalice na četvrtine narezanih svježih gljiva
- ½ šalice nasjeckanog luka
- 1 šalica kiselo vrhnje
- 2 žlice višenamjenskog brašna
- 1 šalica obranog mlijeka
- ½ šalice pileće juhe
- 2 žlice madeire ili suhog šerija

UPUTE:
a) Pecite piletinu u vrućem ulju na srednje jakoj vatri 4 - 5 minuta ili dok više ne postane ružičasta. Dodajte češnjak, gljive i luk u tavu. Kuhajte nepoklopljeno 4-5 minuta ili dok tekućina ne ispari.
b) U posudi pomiješajte kiselo vrhnje, brašno, ½ žličice soli i ¼ žličice papra. Dodajte smjesu kiselog vrhnja, mlijeko i juhu u tavu. Dodajte piletinu i Madeiru ili šeri; toplina kroz.
c) Poslužite preko keksa sa začinskim biljem.
d) Po želji pospite sitno narezanim mladim lukom

52.Pileća juha sa začinskim biljem

SASTOJCI:
- 1 šalica suhih cannellini graha
- 1 čajna žličica Maslinovo ulje
- 2 poriluka, orezana -- oprana
- 2 mrkve -- oguljene i narezane na kockice
- 10 mililitara češnjaka -- sitno nasjeckanog
- 6 Plum paradajza -- sa sjemenkama i
- 6 mladih krumpira
- 8 šalica domaće pileće juhe
- ¾ šalice suhog bijelog vina
- 1 grančica svježe majčine dušice
- 1 grančica svježeg ružmarina
- 1 list lovora

UPUTE:

a) Mahune isperite i preberite, pokrijte vodom i ostavite da se namaču 8 sati ili preko noći. U velikom loncu zagrijte ulje na srednje niskoj temperaturi. Dodajte poriluk, mrkvu i češnjak; kuhati dok ne omekša, oko 5 minuta. Umiješajte rajčice i kuhajte 5 minuta. Dodajte krumpir i kuhajte 5 minuta.

b) Dodajte pileću juhu, vino i začinsko bilje; dovesti do vrenja. Mahune ocijediti i dodati u lonac; kuhajte 2 sata, ili dok grah ne omekša.

c) Prije posluživanja uklonite lovorov list i grančice začinskog bilja.

53. Piletina s vinom i začinskim biljem

SASTOJCI:
- Prženje piletine
- ½ žličice origana
- ½ žličice bosiljka
- 1 šalica suhog bijelog vina
- ½ žličice soli od češnjaka
- ½ žličice soli
- ¼ žličice papra

UPUTE:
a) Operite piletinu i narežite. Na malo ulja zapržite komade piletine sa svih strana. Odlijte višak ulja.
b) Dodajte vino i začine i pirjajte 30 do 40 minuta ili dok piletina ne omekša.

54.Salata od slanutka i začinskog bilja

SASTOJCI:
- 1 limenka Slanutak (16 oz.)
- 1 srednje Krastavac, oguljen
- 1 velika rajčica
- 1 crvena paprika, očišćena od sjemenki i narezana na kockice
- 2 mlada luka, nasjeckana
- 1 avokado
- ⅓ šalice maslinovog ulja
- 1 limun
- ¼ žličice soli
- ⅛ žličice bijelog papra
- 8 listića svježeg bosiljka, nasjeckanog
- ⅓ šalice kopra, svježeg

UPUTE:
a) Slanutak ocijedite i dobro isperite. Krastavac narežite na tanke ploške, a zatim ih prepolovite. Rajčicu narežite na kolutove, a zatim ih prepolovite.
b) U zdjelu stavite krastavce i komadiće rajčice te crvenu papriku i mladi mladi luk. Staviti na stranu. Avokado narežite na kockice. Stavite u veliku zdjelu, dodajte ulje i sok od pola limuna.
c) Dodajte sol, papar i bosiljak. Promiješajte vilicom (avokado će kremu).
d) Dodajte povrće i kopar u mješavinu avokada. Nježno bacite. Dodati slanutak, pa sjediniti.
e) Probajte i po potrebi dodajte još limuna, soli i papra. Poslužiti. Može se pripremiti unaprijed i ohladiti.

55.Svježe začinsko bilje i parmezan

SASTOJCI:
- 5 šalica pilećeg ili povrtnog temeljca
- 3 žlice maslinovog ulja
- ½ velikog luka; nasjeckana
- 1½ šalice Arborio riže
- ½ šalice suhog bijelog vina
- ¾ šalice parmezana; naribana
- 1 šalica miješanog svježeg začinskog bilja
- ½ šalice pečene crvene paprike; nasjeckana
- Sol i papar; okusiti

UPUTE:
a) U malom loncu na jakoj vatri zakuhajte temeljac. Smanjite vatru i držite tekućinu vrućom.
b) Pirjajte luk, dodajte rižu i miješajte dok se u sredini zrnaca ne pojavi bijela mrlja, oko 1 minutu.
c) Dodati vino i miješati dok se ne upije. Polako miješajući dodajte temeljac.
d) Dodajte ¾ šalice parmezana, začinsko bilje, pečenu papriku te sol i papar po ukusu. Promiješajte da se sjedini.

56.Salata od maslačka

SASTOJCI:
- 4 šalice svježeg lišća maslačka
- 1 šalica cherry rajčica, prepolovljenih
- 1/2 šalice feta sira, izmrvljenog
- 1/4 šalice balzamičnog vinaigreta
- Posolite i popaprite po ukusu

UPUTE:
a) Operite i osušite zelje maslačka.
b) Pomiješajte zelje maslačka, cherry rajčice i feta sir.
c) Prelijte balzamičnim vinaigretteom. Posolite i popaprite.

57.Biljni konfeti s povrćem

SASTOJCI:
- 3 srednje mrkve; oguljena
- 1 srednja tikvica; krajevi podrezani
- 1 žličica maslinovog ulja
- ⅛ žličice mljevenog muškatnog oraščića
- ⅛ žličice majčine dušice

UPUTE:
a) Mrkvu i tikvicu nasjeckajte na krupniju stranu ribeža.
b) U tavi srednje veličine zagrijte ulje na srednje jakoj vatri.
c) Umiješajte povrće, muškatni oraščić i majčinu dušicu.
d) Kuhajte 3 do 4 minute uz povremeno miješanje dok povrće ne uvene.

58. Pečeni ječam

SASTOJCI:
- 1 veliki luk
- ½ štapića maslaca
- ½ funte svježih gljiva, narezanih na ploške
- 1 šalica bisernog ječma
- 1 žličica soli
- 3 šalice temeljca od povrća
- 1 žličica majčine dušice
- ½ žličice mažurana
- ½ žličice ružmarina
- ¼ žličice kadulje
- ½ žličice ljetnog čubra

UPUTE:
a) Luk sitno nasjeckajte. U velikoj tavi otpornoj na pećnicu kuhajte luk na maslacu oko 5 minuta dok ne postane proziran. Dodajte gljive i kuhajte još 3 minute. Umiješajte sve ostale sastojke osim temeljca, zdrobite začinsko bilje prije dodavanja.
b) Pirjajte na umjereno jakoj vatri, miješajući nekoliko minuta da se ječam prekrije
c) Zagrijte temeljac u posebnoj tavi, pa kad je vruć dodajte temeljac u smjesu od ječma.
d) Pokrijte pleh folijom i pecite oko sat vremena u prethodno zagrijanoj pećnici na 350 stupnjeva (F.).

DESERT

59.Tart od bobica sa zobenom korom

SASTOJCI:

- 2 ½ šalice bobica
- 3 žlice džema od bobica
- ¼ šalice vode
- 1 ¾ šalice valjane zobi
- ¼ šalice bademovog brašna (ili višenamjenskog brašna ako ne sadrži orašaste plodove)
- 4 žlice maslaca ili kokosovog ulja
- ½ žličice soli
- 1 žlica maslaca od orašastih plodova (ili dodatnog maslaca/kokosovog ulja ako ne sadrži orašaste plodove)
- 2 žlice bademovog ili kokosovog mlijeka
- 1 žličica limunove korice

UPUTE:

a) Zagrijte pećnicu na 350. Nauljite kalup za tart i ostavite sa strane.
b) Za izradu kore, zobene zobene kaše u procesoru za hranu ispasirajte dok ne postanu zrnate. Dodajte bademovo brašno, sol, maslac, ali maslac, i ½ žličice limunove korice. Miješajte dok tijesto ne postane mrvičasto, zatim dodajte bademovo mlijeko i miksajte dok tijesto ne postane malo ljepljivo.
c) Zobenu koru utisnite u nauljeni kalup za tart. Naslijepo pecite zobenu koru 7 minuta.
d) U srednje velikoj tavi pomiješajte 1 ½ šalice bobica, džem i vodu. Pustite da zavrije, a zatim smanjite na laganoj vatri, miješajući svake 2 minute. Ugasite vatru nakon što se voće smanjilo i zgusnulo da podsjeća na sirup. Ako vam se ne sviđa tekstura sjemenki, procijedite smjesu preko finog sita.
e) Preostalu 1 šalicu bobičastog voća pospite po zobenoj kori. Prelijte sirup od bobičastog voća preko bobičastog voća i poravnajte smjesu gumenom lopaticom.
f) Pecite kolač otprilike 30 minuta dok se bobice ne stisnu.

60. Začinjena torta od kakija

SASTOJCI:
- 2 mekane, zrele hurmašice
- ¼ šalice javorovog sirupa
- 2 šalice šećera
- 1 konzerva kokosovog mlijeka
- ½ šalice biljnog ulja
- 1 ½ šalice višenamjenskog brašna
- 1 ½ šalica speltinog brašna
- 1 žličica cimeta
- 1 žličica đumbira
- 1 žličica muškatnog oraščića
- ¼ žličice mljevenog klinčića

UPUTE:
a) Zagrijte pećnicu na 350 stupnjeva. Nauljite kalup za torte ili kalup za bundove i ostavite sa strane.
b) Izdubite meso hurmašica i stavite u veliku zdjelu. Dodajte javorov sirup, šećer, kokosovo mlijeko i biljno ulje. Miješajte sastojke dok se ne sjedine.
c) U drugoj velikoj zdjeli pomiješajte sve suhe sastojke i miksajte dok se ne sjedine.
d) Polako ulijte mokro u suhu zdjelu. Miješajte gumenom lopaticom dok se ne sjedini, pazeći da ne izmiješate previše!
e) Ulijte smjesu u pripremljeni kalup za torte i stavite u pećnicu da se zapeče.
f) minuta. Kolač je gotov kada čačkalica ubodena u sredinu izađe čista.

61. Čokoladna torta s lješnjacima bez brašna

SASTOJCI:
- 1 šalica lješnjaka
- ¼ šalice kakaa u prahu
- ½ šalice gorko-slatke čokolade
- Prstohvat soli
- 4 velika jaja, odvojite bjelanjke od žumanjaka
- 4 žlice maslaca ili kokosovog ulja
- ½ šalice šećera
- 1 žličica ekstrakta vanilije

UPUTE:
a) Zagrijte pećnicu na 275 stupnjeva. Pleh obložite papirom za pečenje, posipajte lješnjacima i pecite oko 10 minuta.
b) U međuvremenu pripremite kalup za kolače/popečke
c) poprskajte tavu s oprugom od 9 inča sprejom za kuhanje i stavite papir za pečenje na dno posude.
d) Nakon što se orasi ohlade, miksajte ih u multipraktiku dok se ne formira grubo brašno od lješnjaka.
e) Povećajte temperaturu pećnice na 350 stupnjeva.
f) U velikoj zdjeli tucite žumanjke, šećer i vaniliju dok smjesa ne postane glatka i dobro spojena. Umiješajte lješnjakovo brašno i sol.
g) U drugoj velikoj zdjeli tucite bjelanjke dok se ne stvore čvrsti snijeg.
h) Otopite čokoladu i maslac na štednjaku ili u mikrovalnoj pećnici u kratkim koracima. Pustite da se malo ohladi pa smjesu ulijte u zdjelu s lješnjakovim brašnom, žumanjcima i šećerom. Promiješajte da se sjedini.
i) Bjelanjke umiješajte u čokoladni snijeg i miksajte dok se ne sjedine. Nastružite tijesto u pripremljeni kalup za pečenje.
j) Kolač pecite u pećnici oko 40 min.

62. Panna cotta od bazge s jagodama

SASTOJCI:
- 500 ml duple kreme
- 450 ml punomasnog mlijeka
- 10 većih glavica bazge, ubrani cvjetovi
- 1 mahuna vanilije, ostrugane sjemenke
- 5 listića želatine
- 85 g zlatnog šećera

ZA MRVICE
- 75 g maslaca, plus dodatak za podmazivanje
- 75 g glatkog brašna
- 50 g zlatnog šećera
- 25g mljevenih badema

SERVIRATI
- 250 g punet jagoda, obrezanih vrhova
- 1 žlica zlatnog šećera
- nekoliko ubranih cvjetova bazge, za ukrašavanje

UPUTE:
a) Stavite vrhnje, mlijeko, cvjetove, mahunu vanilije i sjemenke u tavu postavljenu na laganu vatru. Čim tekućina počne ključati maknite je s vatre i ostavite da se potpuno ohladi.
b) U međuvremenu, za mrviti se, stavite maslac u malu tavu i lagano ga zagrijte dok ne postane tamno smeđe boje i ne zamiriše na orahe. Izliti u zdjelu i ostaviti da se ohladi na sobnoj temperaturi dok se ne stegne.
c) Nakon što se smjesa za kremu ohladi, lagano namastite unutrašnjost šest kalupa za dariole od 150 ml. Listove želatine namočite u hladnoj vodi 10 minuta. Ohlađenu smjesu za kreme procijedite kroz cjedilo u čistu tepsiju, pri čemu uklonite cvjetove bazge i mahunu vanilije. Dodajte šećer i miješajte da se otopi. Stavite na laganu vatru i ponovno zakuhajte, a zatim ulijte u veliki vrč. Želatinu ocijediti od viška tekućine i umiješati u vruću kremu dok se ne otopi. Miješajte dok se smjesa ne ohladi i malo zgusne da sve sjemenke vanilije ne potonu na dno. Ulijte u kalupe i ohladite najmanje 4 sata. do postavljanja.
d) Zagrijte pećnicu na 180C/160C ventilator/plin 4. Utrljajte zapreženi maslac u brašno, zatim promiješajte šećer i bademe. Raširite na pleh obložen papirom za pečenje. Pecite 25-30 minuta dok ne porumeni, nekoliko puta promiješajte. Ostaviti da se ohladi.
e) Narežite jagode, zatim ih pomiješajte sa šećerom i 1 žličicom vode. Ostavite sa strane da se macerira 20 minuta.
f) Okrenite panna cotta na tanjure i prelijte ih jagodama i njihovim sokom. Pospite malo mrviti sea, a ostatak poslužite u zdjelici sa strane, a zatim ukrasite s nekoliko cvjetova bazge.

63.Flan od bazge

SASTOJCI:
- 1 šalica gustog vrhnja
- 1 šalica punomasnog mlijeka
- ½ šalice šećera
- 4 jaja
- 1 žličica cvijeta bazge srdačnog
- Svježi cvjetovi bazge (po želji)

UPUTE
a) Zagrijte pećnicu na 350°F (175°C).
b) U srednjoj posudi zagrijte vrhnje, mlijeko i šećer na srednjoj vatri dok se šećer ne otopi.
c) U posebnoj zdjeli pjenjačom izmiješajte jaja i cvjetove bazge.
d) Polako ulijevajte smjesu od vrhnja u smjesu od jaja, neprestano miješajući.
e) Procijedite smjesu kroz fino sito.
f) Izlijte smjesu u posudu za pečenje od 9 inča (23 cm).
g) Posudu za pečenje stavite u veću posudu za pečenje ili posudu za pečenje i napunite veću posudu s toliko vruće vode da dođe do polovice stijenki manje posude.
h) Pecite 45-50 minuta, ili dok se rubovi ne postave, ali sredina još uvijek lagano podrhtava.
i) Izvadite iz pećnice i ostavite da se ohladi na sobnoj temperaturi.
j) Ohladite u hladnjaku najmanje 2 sata prije posluživanja.
k) Po želji ukrasite svježim cvjetovima bazge.

64. Kolač od bobičastog voća i koprive

SASTOJCI:
- 2 šalice miješanog bobičastog voća (kupine, maline, borovnice)
- 1 šalica lišća koprive, sitno nasjeckanog (nositi rukavice pri rukovanju)
- 2 šalice višenamjenskog brašna
- 1 1/2 žličice praška za pecivo
- 1/2 žličice sode bikarbone
- 1/2 žličice soli
- 1 šalica neslanog maslaca, omekšalog
- 1 1/2 šalice granuliranog šećera
- 3 velika jaja
- 1 žličica ekstrakta vanilije
- 1 šalica mlaćenice

UPUTE:
a) Zagrijte pećnicu na 350°F (175°C). Namastite i pobrašnite kalup za tortu.
b) U zdjeli pomiješajte brašno, prašak za pecivo, sodu bikarbonu i sol.
c) U drugoj posudi miksajte maslac i šećer dok ne postanu svijetli i pjenasti.
d) Dodajte jedno po jedno jaje, dobro umutite nakon svakog dodavanja. Umiješajte ekstrakt vanilije.
e) Postupno dodajte suhe sastojke mokrim sastojcima, naizmjenično s mlaćenicom. Počnite i završite sa suhim sastojcima.
f) Nježno umiješajte prerađeno bobičasto voće i nasjeckano lišće koprive.
g) Ulijte tijesto u pripremljeni kalup za torte i poravnajte vrh.
h) Pecite 40-45 minuta ili dok čačkalica zabodena u sredinu ne izađe čista.
i) Ostavite kolač da se ohladi u kalupu 10 minuta, a zatim ga prebacite na rešetku da se potpuno ohladi.
j) Po želji, pospite šećerom u prahu ili pospite glazurom od krem sira.

65.Sladoled od cvijeta bazge

SASTOJCI:
- 1 ½ šalice punomasnog mlijeka
- 2 šalice gustog vrhnja
- ½ šalice kiselog vrhnja
- 4 velika žumanjka
- ½ šalice meda
- 4-5 likera od cvjetova bazge
- ½ žličice ekstrakta vanilije
- prstohvat soli

UPUTE:
a) Umutiti žumanjke i ostaviti sa strane.
b) U loncu s debelim dnom pomiješajte mlijeko, vrhnje, kiselo vrhnje, sol i med.
c) Izrežite pojedinačne cvjetiće u smjesu, odbacujući što je više moguće materijala stabljike. Zagrijte na srednje jakoj vatri dok ne postane vruće uz često miješanje. NEMOJTE KUHATI.
d) Kad se smjesa mlijeka/vrhnja zagrije, snažno kuhačom punom kuhačom umiješajte žumanjke. Polako ulijte smjesu jaja u smjesu mlijeka/vrhnja, ponovno snažno miješajući.
e) Vratite lonac na srednju vatru i nastavite kuhati dok se ne zgusne i ne prekrije stražnju stranu žlice, neprestano miješajući. Maknite s vatre. Umiješajte ekstrakt vanilije.
f) Ulijte smjesu kroz fino sito u posudu ili zdjelu da se ohladi. Bacite ostatke cvjetova bazge.
g) Nakon što je vaša smjesa za kremu potpuno ohlađena, slijedite upute vašeg aparata za kuhanje sladoleda. Alternativno, ako nemate aparat za sladoled, izlijte smjesu u obrubljenu posudu za pečenje i ohladite u zamrzivaču, stružući smjesu vilicom svakih pola sata da postane čvrsta, ali lagana.

66.Sorbet od bazge

SASTOJCI:
- 2 šalice vode
- 1 šalica šećera
- ¼ šalice cvijeta bazge cordial
- 2 žlice soka od limuna

UPUTE
a) U loncu pomiješajte vodu i šećer. Zagrijte na srednjoj vatri dok se šećer potpuno ne otopi.
b) Maknite s vatre i umiješajte cvijet bazge i limunov sok.
c) Pustite da se smjesa ohladi na sobnu temperaturu.
d) Smjesu ulijte u aparat za sladoled i mutite prema uputama proizvođača.
e) Nakon što se umuti, prebacite sorbet u posudu s poklopcem i zamrznite ga nekoliko sati da se stegne.
f) Sorbet od bazge poslužite u ohlađenim zdjelicama ili čašama za nježan i cvjetni desert.

67.Sladoled od cvijeta bazge i kupine

SASTOJCI:

- 225 g/8 oz kupina 1 žlica šećera
- 284 ml kartonske duple kreme, ohlađene
- 8 žlica cvijeta bazge srdačnog
- 142 ml vrhnja za šlag u kutiji, ohlađeno

UPUTE:

a) Stavite kupine u manju šerpu i dodajte šećer. Lagano zagrijavajte, povremeno miješajući, dok iz voća ne iscuri sok i smjesa ne zavrije.

b) Lagano pirjajte 2-3 minute dok kupine ne omekšaju. (Alternativno, stavite kupine i šećer u odgovarajuću zdjelu i stavite u mikrovalnu pećnicu na Jaku temperaturu 2-3 minute ili dok voće ne omekša.)

c) Mješavinu od kupina protisnite kroz sito i bacite sjemenke. Ostavite pire da se ohladi pa pokrijte i stavite u hladnjak na oko 30 minuta ili dok se dobro ne ohladi.

d) U međuvremenu, prelijte duplu kremu u vrč, dodajte bazgu i miješajte dok ne postane glatka. Pokrijte i ohladite 20-30 minuta.

e) Umiješajte kašu od kupina u smjesu od bazge dok ne postane glatka. Vrhnje za šlag stavite u zdjelu i mutite dok se ne stvore mekani vrhovi.

f) Nježno umiješajte šlag u smjesu od kupina.

g) Stavite smjesu u aparat za sladoled i zamrznite prema uputama.

h) Prebacite u prikladnu posudu i zamrznite dok ne bude potrebno.

68. Mousse od cvjetova bazge

SASTOJCI:
- 250 grama Mascarpone sira
- 200 grama kupovne kreme
- 125 mililitara bazgine srdačice
- 200 mililitara duplog vrhnja, lagano umućenog

UPUTE:
a) Počnite tako da lagano istučete Mascarpone sir da omekša u zdjeli za miješanje.
b) Mascarpone siru dodajte kupovnu kremu i miješajte dok smjesa ne postane glatka i dobro spojena.
c) Umiješajte cvjetove bazge, počevši od 125 mililitara. Količinu možete prilagoditi svom ukusu, dodajte više ako želite jači okus bazge. Budite oprezni da ne pretjerate s mućenjem u ovoj fazi; poželjno je lagano savijanje kako bi se izbjeglo pretjerano miješanje. Želite zadržati laganu i prozračnu teksturu, a ne pretvoriti smjesu u srdačni maslac od cvjetova bazge.
d) U posebnoj zdjeli lagano umutiti duplu pavlaku dok ne dobije meke vrhove.
e) Nježno umiješajte šlag u mješavinu mascarponea i bazge dok se sve potpuno ne sjedini. Opet, pazite da ne pretjerate s miješanjem jer želite zadržati prozračnu teksturu pjene.
f) Kušajte mousse i po želji dodajte još bazginog cvijeća, prilagođavajući željenu razinu okusa bazginog cvijeta.
g) Nakon što se smjesa dobro sjedinila i kada ste zadovoljni okusom, mousse prije posluživanja ohladite u hladnjaku barem pola sata.
h) Kada budete spremni za posluživanje, mousse možete ukrasiti svježim cvjetovima bazge ili dodatkom cvjetova bazge za lijepu prezentaciju.
i) Uživajte u svom domaćem mousseu od cvjetova bazge kao laganom i elegantnom desertu, savršenom za svaku priliku.

69.Rabarbara Mrviti se od divlje jagode

SASTOJCI:
- 2 šalice jagoda narezanih na kockice
- 2 stabljike rabarbare
- 2 žlice džema od jagoda
- 2 žlice javorovog sirupa
- 1 žlica limunovog soka
- 1 žlica škroba tapioke ili kukuruznog škroba
- 2 šalice valjane zobi
- ¼ šalice badema
- ¼ šalice smeđeg šećera
- ¼ šalice (pola štapića) maslaca ili kokosovog ulja
- Prstohvat soli

UPUTE:
a) Zagrijte pećnicu na 375 stupnjeva.
b) U srednjoj zdjeli pomiješajte jagode i rabarbaru narezanu na kockice. Umiješajte
c) džem, javorov sirup, limunov sok i škrob tapioke.
d) U procesoru hrane izmiksajte zob i bademe dok ne postanu mrvice. Dodajte smeđi šećer, maslac i sol. Pusirajte dok zobi ne postanu malo ljepljive i povežu se.
e) Pritisnite polovicu zobenih mrvica na dno posude za tart ili složenac. Prelijte smjesu jagode i rabarbare na vrh, a zatim po slojevima pospite ostatak zobenog mrviti sea.
f) Pokrijte posudu aluminijskom folijom i pecite 30 minuta. Nakon 30 minuta pecite mrviti se bez poklopca još 20-30 minuta kako bi gornji sloj postao hrskav.
g) Poslužite odmah s kuglicom sladoleda od mahune vanilije!

70.Sorbet od šljiva na plaži

SASTOJCI:
- 400 g Beach Plums
- 1 žličica ekstrakta vanilije
- 1 žličica cimeta
- ¼ šalice vode
- ¼ šalice šećera

UPUTE:
a) Zagrijte pećnicu na 375 stupnjeva. Lim za pečenje obložite aluminijskom folijom.
b) Šljive prerežite na pola i izvadite im koštice. Pospite ekstrakt vanilije i cimet preko šljiva i miješajte dok šljive ne budu ravnomjerno obložene. Pecite šljive dok se kora ne karamelizira, oko pola sata. Izvadite iz pećnice i ostavite da se ohladi.
c) Izmiksajte šljive u blenderu velike brzine ili procesoru hrane. Ako koristite kuhinjski procesor, procijedite dobivenu smjesu kroz sito i uklonite pulpu za glatki sorbet.
d) U malom loncu na srednje niskoj vatri otopite šećer u vodi oko 2 minute. Ostavite da se ohladi pa prelijte preko smjese od šljiva.
e) Smjesu od šljiva ulijte u zdjelu i poklopite. Stavite u zamrzivač i ostavite da se ohladi. Nakon 1 sata izvadite iz zamrzivača, umutite smjesu da se razbiju kristalići leda i vratite u zamrzivač na još pola sata. Ponavljajte ovo dok se sorbet ne zamrzne.
f) Nakon što je sorbet potpuno smrznut, izlomite ga u komade leda i miksajte u blenderu velikom brzinom dok ne postane glatko. Stavite sorbet od šljiva u posudu s poklopcem i zamrznite dok se ne stegne.
g) Prije uživanja ostavite sorbet od šljiva da odstoji na sobnoj temperaturi 5 minuta kako biste uživali u glatkoj, osvježavajućoj poslastici.

71. Biljni sladoled od limuna

SASTOJCI:
- 1½ šalice vrhnja za šlag
- 1½ šalice mlijeka
- ⅔ šalice šećera
- 3 žumanjka
- ½ žličice ekstrakta vanilije
- ½ limuna koricu i limunov sok
- ¼ šalice listova limun verbene
- ¼ šalice listova matičnjaka

UPUTE:
a) Miješajte i zagrijavajte vrhnje, mlijeko i šećer dok se šećer ne otopi.
b) U manjoj zdjelici lagano umutiti žumanjke. U zdjelu ulijte 1 šalicu mješavine vrućeg vrhnja . Stalno miješajte drvenom kuhačom . Umiješajte vaniliju. U vruću podlogu od sladoleda umiješajte limunovu koricu, limunov sok i čvrsto upakovane limunove trave.
c) Smjesu ulijte u aparat za sladoled i zamrznite prema uputama proizvođača.

72. Biljni kolačići od limuna

SASTOJCI:
- 1 šalica maslaca
- 2 šalice šećera; podijeljena
- 2 jaja
- 1 žličica ekstrakta vanilije
- 2½ šalice brašna
- 2 žličice praška za pecivo
- ¼ žličice soli
- ⅓ šalice osušenih biljaka limuna
- ⅓ šalice ukupno: bilje

UPUTE:
a) Krem maslac i 1¾ šalice šećera
b) Dodajte jaja i vaniliju; dobro istucite.
c) Pomiješajte brašno, prašak za pecivo, sol i začinsko bilje. Dodati smjesi s vrhnjem; miješati.
d) Spuštajte tijesto po pune žličice, razmaka od 3" na podmazan lim za kekse.
e) Pecite na 350 F. 8 do 10 minuta, ili dok jedva porumene. Malo ohladiti, pa izvaditi na rešetku.

ZAČINI

73.Ocat od aronije

SASTOJCI:
- ½ šalice aronije
- 1 ½ šalice jabučnog octa
- 1 žlica šećera

UPUTE:
a) Pomiješajte sve sastojke u staklenku i promiješajte.
b) Čvrsto zatvorite i čuvajte u hladnjaku minimalno 1 tjedan.

74. Američki kečap od šljiva

SASTOJCI:
- 4 šalice američkih šljiva
- ¼ šalice narezanog crvenog luka
- ½ žlice svježe naribanog đumbira
- ¼ šalice jabučnog octa
- ¼ žličice muškatnog oraščića
- ¼ žličice klinčića
- ¼ žličice cimeta
- ¼ žličice kajenske paprike
- 1 žlica melase
- 2 žlice javorovog sirupa
- 1 žlica uljane repice

UPUTE:
a) Stavite cijele šljive u srednji lonac s ¼ šalice vode. Poklopite lonac i kuhajte šljive na srednjoj vatri oko 20 minuta dok se šljive ne smežuraju tako da im ostane samo sok, kožica i koštica. Protresite lonac svakih nekoliko minuta tijekom kuhanja kako biste spriječili da se šljive zalijepe i zagore.
b) Kad se ohlade, stavite cjedilo na zdjelu i prelijte smjesu od šljiva preko cjedila da se sok od šljiva procijedi iz kožice i koštica. Staviti na stranu.
c) U srednje velikoj tavi pirjajte narezani crveni luk i đumbir na ulju kanole dok luk ne postane proziran. Umiješajte muškatni oraščić, klinčić, cimet i ljutu papriku. Nastavite miješati oko 20 sekundi dok začini ne postanu aromatični.
d) Ulijte procijeđenu mješavinu soka od šljiva, melase i javorovog sirupa. Promiješajte nekoliko puta da se sjedini i pustite da lagano kuha oko 5 minuta dok se ne zgusne.
e) Pustite da se smjesa hladi 10 minuta izvan vatre, zatim ulijte u blender velikom brzinom i miksajte na visokoj 1 minutu. Ako nemate blender velike brzine, možete koristiti potopni blender, ali kečap neće biti tako gladak.
f) Prilagodite začine po svom ukusu, a zatim ulijte kečap u staklenku za pohranu. Čuvati u hladnjaku.

75.Umak od kestena i javora

SASTOJCI:
- 1/2 šalice kestena
- 2 žlice javorovog sirupa
- 1 žlica jabučnog octa
- ½ šalice crnog vina
- 1,5 šalica temeljca od povrća

UPUTE:
a) Prvo ispecite kestene. Zagrijte pećnicu na 425 °F
b) Zarežite kesten tako da napravite X-oblik na ljusci. Provjerite jeste li probušili maticu ispod otprilike jedne trećine.
c) Pecite u pećnici oko 20 minuta. Pustite da se ohladi, a zatim skinite ljusku.
d) U srednjoj posudi zagrijte crno vino i kestene. Neka se kuha dok se vino ne reducira na pola.
e) Pomiješajte ostale sastojke u loncu. Pustite da zavrije, a zatim smanjite na laganoj vatri. Svake 2 minute promiješajte gumenom lopaticom.
f) Nakon što se umak zgusne tako da prekriva stražnju stranu gumene lopatice, maknite umak s vatre i ostavite da se ohladi 10 minuta.
g) Ulijte u staklenku za čuvanje do upotrebe.

76. Biljni žele

SASTOJCI:
- 1½ šalice svježih listova začina
- 3½ šalice šećera
- 1 kap boja za hranu , zelena
- 2¼ šalice; Voda, hladna
- 2 žlice soka od limuna
- Pektin, tekući; torbica + 2 t.

UPUTE:
a) Pomiješajte začinsko bilje i vodu u loncu; zakuhajte do kraja, poklopite i maknite s vatre da odstoji 15 minuta. Ulijte u vrećicu sa želeom i ostavite da kapa jedan sat. Trebali biste imati 1-¾ šalice infuzije.
b) Pomiješajte infuziju, limunov sok, šećer i prehrambenu boju i kuhajte na jakoj vatri dok ne zavrije. Dodajte tekući pektin i ponovno zakuhajte uz stalno miješanje.
c) Uklonite s vatre, skinite pjenu i ulijte u sterilizirane staklenke za žele od pola litre, ostavljajući ¼" prostora za glavu . Postupite kao za voćne želee

77. Hucklebobica Jam

SASTOJCI:
- 2 šalice bobica bobica
- ½ šalice javorovog sirupa ili meda
- 2 žlice soka od limuna

UPUTE:
a) Pomiješajte sastojke u malom loncu i promiješajte.
b) Zakuhajte uz često miješanje, zatim smanjite na laganoj vatri i kuhajte dok se ne zgusne.
c) Ulijte u staklenku dok ne budete spremni za upotrebu.

78. Ocat od miješanog bilja

SASTOJCI:
- 1 pinta Crni vinski ocat
- 1 komad jabukovače octa
- 2 oguljena, prepolovljena češnja češnjaka
- 1 grana estragona
- 1 grančica timijana
- 2 grančice svježeg origana
- 1 manja stabljika slatkog bosiljka
- 6 zrna crnog papra

UPUTE:
a) Ulijte crno vino i jabukovaču u staklenku od litre.
b) Dodajte češnjak, začinsko bilje, papar u zrnu i poklopac. Ostavite da stoji na hladnom mjestu, bez sunca, tri tjedna. Povremeno protresite.
c) Ulijte u boce i začepite čepom.

79. Pesto od miješanog bilja

SASTOJCI:
- 1 šalica Pakirani svježi plosnati peršin
- ½ šalice pakiranih svježih listova bosiljka;
- 1 žlica svježih listova timijana
- 1 žlica svježih listova ružmarina
- 1 žlica svježih listova estragona
- ½ šalice svježe ribanog parmezana
- ⅓ šalice maslinovog ulja
- ¼ šalice oraha; prepečeno zlatno
- 1 žlica balzamičnog octa

UPUTE:
a) U multipraktiku pomiješajte sve sastojke sa soli i paprom po ukusu dok smjesa ne postane glatka. (Pesto se čuva, površina prekrivena plastičnom folijom, ohlađena, 1 tjedan.)

80.Marinada od bilja gorušice

SASTOJCI:
- ½ šalice Dijon senfa
- 2 žlice suhe gorušice
- 2 žlice biljnog ulja
- ¼ šalice suhog bijelog vina
- 2 žlice osušenog estragona
- 2 žlice osušene majčine dušice
- 2 žlice sušene kadulje, zdrobljene

UPUTE:
a) Pomiješajte sve sastojke u zdjeli. Pustite da odstoji 1 sat. Dodajte piletinu ili ribu i dobro premažite. Pustite da odstoji u marinadi. Osušite papirnatim ručnicima
b) Preostalom marinadom premažite ribu ili piletinu neposredno prije skidanja s roštilja.

81.Pesto od vlasca i kiselice

SASTOJCI:
- 1 šalica Sorrel
- 4 žlice luka; sitno mljeveno
- 4 žlice pinjola; tlo
- 3 žlice peršina; nasjeckana
- 3 žlice vlasca; nasjeckana
- Naribana kora 4 naranče
- ¼ luk, crveni; nasjeckana
- 1 žlica senfa, suhog
- 1 žličica soli
- 1 žličica crnog papra
- 1 prstohvat papra, kajenske paprike
- ¾ šalice ulja. maslina

UPUTE:
a) Pomiješajte kiselicu, ljutiku, pinjole, peršin, vlasac, narančinu koricu i luk u multipraktiku ili blenderu.
b) Dodajte suhi senf, sol, papar i ljutu papriku, te ponovno promiješajte. POLAKO nakapajte ulje dok se oštrica pomiče.
c) Prebacite u tegle od kaljenog stakla .

82. Džem od šumskog voća

SASTOJCI:
- 2 šalice miješanog šumskog voća (kupine, maline, borovnice)
- 1 šalica granuliranog šećera
- 1 žlica soka od limuna

UPUTE:
a) Pomiješajte bobičasto voće, šećer i limunov sok u loncu.
b) Kuhajte na srednjoj vatri, često miješajući, dok se bobice ne raspadnu i smjesa ne zgusne (oko 15-20 minuta).
c) Zgnječite bobice vilicom za željenu gustoću.
d) Ostavite da se ohladi, pa prebacite u staklenku. Ohladiti i koristiti kao namaz.

83. Ocat natopljen krmnim biljem

SASTOJCI:
- 2 šalice uzgojenog bilja (ružmarin, majčina dušica, origano)
- 2 šalice bijelog vinskog octa

UPUTE:
a) Začinsko bilje temeljito operite i osušite.
b) Začinsko bilje stavite u čistu, steriliziranu staklenu teglu.
c) Zagrijte ocat dok ne provrije i prelijte ga preko začinskog bilja.
d) Zatvorite staklenku i ostavite da odstoji najmanje dva tjedna.
e) Procijedite ocat, prebacite u bocu i koristite kao aromatični ocat za preljeve ili marinade.

84. Divlji češnjak Aioli

SASTOJCI:
- 1 šalica listova divljeg češnjaka, sitno nasjeckanog
- 1 šalica majoneze
- 1 žlica soka od limuna
- Posolite i popaprite po ukusu

UPUTE:
a) U zdjeli pomiješajte nasjeckani češnjak, majonezu i limunov sok.
b) Začinite solju i paprom po ukusu.
c) Stavite u hladnjak na najmanje 30 minuta prije posluživanja.
d) Koristite kao aromatični umak ili namaz.

85. Sirup od borovih iglica

SASTOJCI:
- 2 šalice svježih borovih iglica, opranih
- 2 šalice vode
- 2 šalice šećera

UPUTE:
a) U loncu pomiješajte borove iglice i vodu. Pustite da zavrije, a zatim kuhajte 20 minuta.
b) Procijedite tekućinu i vratite je u lonac.
c) Dodati šećer i kuhati dok se ne zgusne u sirup (oko 15-20 minuta).
d) Ostavite da se ohladi prije prebacivanja u bocu. Koristite kao jedinstveni sirup za deserte ili pića.

PIĆA

86. Bezalkoholni špric od borovnice

SASTOJCI:
- 1 šalica borovnica
- 1 šalica šećera
- 1 šalica vode
- Sok od 1 svježe iscijeđenog limuna
- 1 boca gazirane vode

UPUTE:
a) Prvo napravite jednostavan sirup od borovnica. Pomiješajte borovnice, šećer i limunov sok u malom loncu. Promiješajte i pustite da zavrije. Smanjite vatru i kuhajte dok se ne zgusne u sirup.
b) Ulijte gaziranu vodu u vrč i dodajte ½ šalice jednostavnog sirupa od borovnice. Miješajte dok se sirup ne otopi u vodi.
c) Da biste dodali finu oštrinu, iscijedite još malo soka od limuna. Da bi piće bilo slađe, dodajte još jednostavnog sirupa od borovnice ili šećera.

87. Pivo od korijena sarsaparille

SASTOJCI:
- ½ šalice korijena sarsaparille (narezanog na komade od 1 inča)
- 2 šalice vode
- 1 zvjezdasti anis
- ¼ žličice muškatnog oraščića
- ½ žličice cimeta
- ½ žličice pimenta
- ½ žličice vanilije
- 2 žlice melase
- ½ šalice šećera
- Mineralna voda

UPUTE:
a) Stavite korijenje, začine (anis, muškatni oraščić, cimet, piment) i 2 šalice vode u lonac srednje veličine.
b) Pustite da zavrije, a zatim smanjite na srednje nisku temperaturu otprilike pola sata.
c) Dodajte vaniliju i melasu. Nastavite pirjati 3 minute i zatim maknite s vatre.
d) Procijedite smjesu kako biste odvojili korijenje i začine od tekućine tako da smjesu prolijete kroz fino mrežasto sito prekriveno gazom (za dodatnu filtraciju). To će osigurati da smjesa bude pročišćena i da nema ostataka.
e) Procijeđenu tekućinu dodajte natrag u lonac (svakako isperite lonac prije ponovne upotrebe) i umiješajte šećer. Pustite da lagano kuha 2 minute i zatim maknite s vatre.
f) Za pripremu čaše piva od korijena, pomiješajte pivo od korijena i gaziranu vodu u omjeru 1:2. Za svaku ¼ šalice sirupa koristite ½ šalice gazirane vode.
g) Dobro promiješajte i uživajte.

88. Limun Malina Mint Osvježavajući

SASTOJCI:
- 1 šalica malina
- 1 šalica šećera
- 1 šalica vode
- Sok od svježe iscijeđenog limuna
- Mineralna voda
- Listići mente za ukrašavanje
- Kriške limuna za ukras

UPUTE:
a) Napravite jednostavan sirup od malina tako što ćete pomiješati maline, šećer i limunov sok u malom loncu. Promiješajte i pustite da zavrije. Smanjite vatru i kuhajte dok se ne zgusne u sirup.
b) Ulijte gaziranu vodu u vrč i dodajte 1 šalicu jednostavnog sirupa od malina. Miješajte dok se sirup ne otopi u vodi.
c) Piće ukrasite listićima mente, kriškama limuna i nekoliko malina. Promiješajte da se sjedini i uživajte!

89.Voda natopljena krmnim bobicama

SASTOJCI:
- Šaka miješanog bobičastog voća (kupine, maline, borovnice)
- Voda
- Kockice leda (po želji)

UPUTE:
a) Bobičasto voće temeljito operite.
b) Stavite bobice u vrč i napunite ga vodom.
c) Stavite u hladnjak na nekoliko sati da se okusi prožmu.
d) Po želji poslužite s ledom. Osvježavajuće i hidratantno!

90. Ledeni čaj od divlje mente

SASTOJCI:
- Šaka svježih listova divlje metvice
- 4 vrećice čaja (crnog ili zelenog čaja)
- 4 šalice vode
- Med ili šećer po ukusu
- Kocke leda

UPUTE:
a) Prokuhajte 4 šalice vode i potopite vrećice čaja zajedno sa svježim listovima mente.
b) Ostavite čaj da se ohladi na sobnoj temperaturi.
c) Zasladite medom ili šećerom po ukusu.
d) Poslužite preko leda. Predivan ledeni čaj s mentom!

91. Limunada od maslačka

SASTOJCI:
- 1 šalica latica maslačka (samo žuti dijelovi)
- 1 šalica svježe iscijeđenog soka od limuna
- 1/2 šalice meda
- 4 šalice vode
- Kocke leda

UPUTE:
a) Pomiješajte latice maslačka, limunov sok, med i vodu u vrču.
b) Miješajte dok se med ne otopi.
c) Stavite u hladnjak na nekoliko sati.
d) Poslužite preko leda. Jedinstvena i cvjetna limunada!

92.Gin i tonik s dodatkom smrekovog vrha

SASTOJCI:
- 1 šalica svježih vrhova smreke
- Džin
- Tonik voda
- Kocke leda
- Kriške limete za ukras

UPUTE:
a) Operite i osušite vrhove smreke.
b) U teglici pomiješajte smrekove vrhove s džinom. Pustite da odstoji najmanje 24 sata.
c) Procijedite natopljeni gin u čaše napunjene ledom.
d) Prelijte tonikom, promiješajte i ukrasite kriškama limete. Zaokret na klasiku inspiriran šumom!

93. Pikantni biljni liker

SASTOJCI:
- 6 mahuna kardamoma
- 3 žličice sjemenki anisa
- 2¼ žličice nasjeckanog korijena anđelike
- 1 štapić cimeta
- 1 klinčić
- ¼ žličice Mace
- 1 petina votke
- 1 šalica šećernog sirupa
- Spremnik: staklenka od 1/2 galona

UPUTE:
a) Uklonite sjemenke iz mahuna kardamoma. Dodajte sjemenke anisa i zdrobite sve koštice stražnjom stranom vilice.
b) Stavite ih u posudu od 1 litre i dodajte korijen anđelike, štapić cimeta, klinčić, buzdovan i votku.
c) Smjesu dobro protresite i pohranite u ormar 1 tjedan. Nekoliko puta procijedite kroz cjedilo obloženo gazom. Pomiješajte tekućinu sa šećernim sirupom. Spremno za posluživanje

94. Voćni biljni ledeni čaj

SASTOJCI:
- 1 vrećica Tazo Passion čaja
- 1 litra vode
- 2 šalice svježeg soka od naranče
- Narančasti kotač
- Lišće mente

UPUTE:
a) Stavite vrećicu čaja u 1 litru kipuće vode i ostavite da stoji 5 minuta.
b) Uklonite vrećicu čaja. Ulijte čaj u vrč od 1 galona napunjen ledom. Nakon što se led otopi, napunite preostali prostor u vrču vodom.
c) Napunite shaker za koktele polovicom skuhanog čaja i polovicom soka od naranče.
d) Dobro protresite i procijedite u čašu punu leda.
e) Ukrasite narančastim kolutom i listićima mente.

95.Ledeni biljni hladnjak

SASTOJCI:
- 4 šalice kipuće vode;
- 8 vrećica Red Zinger čaja
- 12 unci koncentrata soka od jabuke
- Sok od 1 naranče
- 1 limun; narezan na kriške
- 1 naranča; narezan na kriške

UPUTE:
a) Vrećice čaja prelijte kipućom vodom. Pustite da se čaj strmi dok voda ne postane mlaka, čime ćete dobiti vrlo jak čaj.
b) U velikom vrču pomiješajte čaj, sok od jabuke i sok od naranče.
c) Ukrasite vrč kriškama limuna i naranče.
d) Ulijte u čaše napunjene ledom i ukrasite mentom.

96.Biljni čaj od maline

SASTOJCI:
- 2 vrećice čaja od maline za obitelj
- 2 vrećice čaja od kupine
- 2 vrećice čaja od crnog ribiza
- 1 boca gaziranog jabučnog cidera
- ½ šalice koncentrata soka
- ½ šalice soka od naranče
- ½ šalice šećera

UPUTE:
a) Stavite sve sastojke u veliki vrč. Ohladite se. Mi svoje poslužujemo s voćnim kockicama leda.
b) Održavamo dovoljno soka da napunimo posudu za led, au svaku kockicu stavljamo kriške jagoda i borovnica.

97. Čaj od kardamoma

SASTOJCI:
- 15 vode sjemenki kardamoma
- ½ šalice mlijeka
- 2 kapi vanilije (na 3 kapi)
- Med

UPUTE:
a) Za probavne smetnje, pomiješajte 15 mljevenih sjemenki u ½ šalice vruće vode. Dodajte 1 uncu svježeg korijena đumbira i štapić cimeta.
b) Kuhajte 15 minuta na laganoj vatri. Dodajte ½ šalice mlijeka i kuhajte još 10 minuta.
c) Dodajte 2 do 3 kapi vanilije. Zasladiti medom.
d) Pijte 1 do 2 šalice dnevno.

98.Sassafras čaj

SASTOJCI:
- 4 korijena sassafras
- 2 litre vode
- šećera ili meda

UPUTE:
a) Operite korijenje i odrežite mladice gdje su zelene i gdje korijen završava.
b) Zakuhajte vodu i dodajte korijenje.
c) Kuhajte dok voda ne postane duboko smeđe crvena (što tamnija to jača -- ja volim svoju jaku).
d) Procijedite u vrč kroz žicu i filter za kavu ako ne želite talog.
e) Dodajte med ili šećer po ukusu.
f) Poslužite toplo ili hladno s limunom i grančicom mente.

99.Moringa čaj

SASTOJCI:
- 800 ml vode
- 5-6 listića metvice – natrgati
- 1 žličica sjemenki kumina
- 2 žličice moringe u prahu
- 1 žlica soka od limete / limuna
- 1 žličica organskog meda kao zaslađivač

UPUTE:
a) Zakuhajte 4 šalice vode.
b) Dodajte 5-6 listića mente i 1 čajnu žličicu sjemenki kumina/jeera.
c) Neka kuha dok se voda ne reducira na pola količine.
d) Kada se voda smanji na pola, dodajte 2 žličice Moringe u prahu.
e) Pojačajte vatru, kad se zapjeni i nadođe, ugasite vatru.
f) Pokrijte poklopcem i ostavite da odstoji 4-5 minuta.
g) Nakon 5 minuta procijedite čaj u šalicu.
h) Dodajte organski med po ukusu i iscijedite svježi sok od limete.

100. Čaj od žalfije

SASTOJCI:
- Šaka svježih listova divlje kadulje, odgovorno uhranjena
- Kipuća voda
- Med od divljeg cvijeća (ili agavin sirup za vegane)
- 1 pečena kriška limuna

UPUTE:
a) Počnite tako što ćete pronaći šaku svježih listova divlje kadulje. Pazite da odaberete lišće iz čistog i nezagađenog okoliša.
b) Nakon što dobijete listove divlje kadulje, nježno ih isperite čistom vodom, pazeći da sačuvate njihovu prirodnu bit.
c) Prokuhane listove kadulje stavite u šalicu i pažljivo prelijte kipućom vodom. Pustite samoniklo bilje oko 5 minuta. Ako želite, možete također sitno nasjeckati listove kadulje i staviti ih u cjedilo za čaj za koncentriraniju infuziju.
d) Nakon infuzije, uklonite nahranjene listove kadulje, pustite da se njihova esencija umiješa u čaj. Umiješajte malo meda od divljeg cvijeća, odgovorno nabavljenog od lokalnih pčelara, ili upotrijebite agavin sirup za vegansku opciju.
e) Pojačajte okus iscijeđenim sokom iz iscijeđene kriške limuna. Ovaj je korak neophodan za postizanje najboljih okusa infuzije divlje kadulje.

ZAKLJUČAK

Dok završavamo naše okusno putovanje kroz "Kuharicu modernog krmnog proizvođača", nadamo se da ste iskusili radost žetve i uživanja u blagodatima prirode u svojoj modernoj kuhinji. Svaki recept na ovim stranicama slavljenje je jedinstvenih okusa, tekstura i nutritivnog bogatstva koje na tanjur donosi hranjena hrana – svjedočanstvo besprijekorne integracije divljih sastojaka u suvremena nepca.

Bez obzira jeste li uživali u zemaljskim dobrotama divljih gljiva, prigrlili svježinu nahranjenog povrća ili se oduševili neočekivanim okusima šumskog voća, vjerujemo da su ovi recepti potaknuli vaš entuzijazam za istraživanje jestivog blaga koje priroda nudi. Osim sastojaka i tehnika, neka koncept traženja hrane postane izvor inspiracije, povezujući vas sa zemljom, godišnjim dobima i neukroćenom ljepotom prirode.

Dok nastavljate istraživati svijet hranjene hrane, neka vam "Kuharica modernog krmitelja" bude pouzdani suputnik, vodeći vas kroz niz ukusnih opcija koje donose divljinu na vaš stol. Evo za prihvaćanje bezvremenske umjetnosti traženja hrane i uživanje u bogatstvu smočnice prirode u svakom suvremenom zalogaju – sretno traženje hrane!

www.ingramcontent.com/pod-product-compliance
Lightning Source LLC
Chambersburg PA
CBHW071904110526
44591CB00011B/1547